中公文庫

# 科学者の創造性

## 雑誌『自然』より

湯 川 秀 樹

中央公論新社

# 科学者の創造性　雑誌『自然』より

目次

I

## II

# 科学者の創造性　雑誌『自然』より

# I

# 思い出すこと

## 1

昨年八月の本誌に坂田昌一博士が中間子理論の発展の経緯を興味深く述べられた。それは特に私どもと一緒に研究された体験に基づく考察である点において、自ら他と異なるものを含んでいたが、本誌編集者は更に私自身に研究途上の思い出を書くことを熱心に勧誘された。私は既に度々この種の原稿を執筆させられ、それさえ自分の実力や業績にかんがみて思はゆい限りであった。いわんや中間子論はまだまだ不完全であるのみならず、それは素粒子理論の中心的部分として、今後もっともっと成長し且つ脱皮して行かねばならぬ。私は過去をふりかえるよりも、ただもう今後の努力によって、わずかでも本当に学界に貢献したいと思うばかりである。しかしそういっても、どうしても許して頂けないので、既に「目に見えないもの」などに収録されている分との重複を出来るだけさけると共に、書きもらした点を補って見ることにした。

私どもの中学校や高等学校時代、即ち対象の中期頃には、自然科学の啓蒙書や雑誌はまだほとんど世に出ていなかった。学生の知識欲を満足さすことができたのは主として岩波書店から出版された哲学書であった。私も三高時代にそれらのいくつかを耽読したが、その中にまじって存在していた田邊博士の『最近の自然科学』や『科学概論』、石原博士の『相対性原理』や『物理学の基礎的諸問題』の方が更に多くの興味を呼びおこした。殊に、その中に繰りかえして出てくる〝量子〟とか〝量子論〟とかいう言葉にわからぬながらも――というよりもむしろわからないがためにより一層不思議な魅力を感じたのである。

その頃私は丸善でフリッツ・ライヘ（Fritz Reiche）という学者の著わした「量子論」という書物の英訳を見つけ一所懸命で読んだ。高等学校の物理の学力では、完全に理解することはもとより困難であったが、とにかくそれは私にとってどんな小説よりも面白い――同書のカバーに書いてあった通り最も〝fascinating〟な物語であった。一九二二年の出版であるから、今日の量子力学の出現の二三年前であり、プランク（Planck）、ボーア（Bohr）の旧量子論の段階から次へ移る暗中模索の時期に書かれたものであるが、それだけにかえって至る所に私どもの探究の意慾を鼓舞する矛盾と混沌とが満ち満ちていた。そしてこの書の最後は、

「これ等の問題全ての上には、今の所神秘的な朦朧が飛びまわっている。吾々の前に横

たわる巨大なる経験的及び理論的材料にもかかわらず、この朦朧を照らすべき思想の焔がなお欠如している。吾々の世代の大いなる努力が成功をもたらす日が遠くないことを期待しようではないか」

という文章で結ばれていた。私の半生を通じて、一冊の書物でこれほど大きな刺戟を与えたものはなかった。一〇年ほど前に私は他の新しい書物を買うために、この書物を手離してしまったので、今は手許にはない。時々残念なことをしたと思うが、しかし私の心の底には当時の楽しい記憶がいつまでも残ることであろう。大学へ入る時に物理学を志望することになったのも、一つには量子の魅惑が原因となっていたのである。前に書いたものの中には、この点が書き落されていた。その結果もっと偶然的な動機によるもののごとき印象を与えたかも知れぬ。

2

これに続いて私に大きな刺戟を与えたのはボルン（Born）の"Probleme der Atomdynamik"である。私が大学に入った大正一五年（一九二六）にこの書物が出たので、早速読んだ。それはハイゼンベルク（Heisenberg）が主唱者となり、ヨルダン（Jordan）と共にボルン自身も協力して出来上ったばかりの真新しいそして難解な量子力学の、簡単ではあるが生き生きとした紹介であった。波動力学的側面のまだ考慮されていない過渡的段階として、自然の不連続性が一方的に取り上げられ、原子世界の諸現象を時間空間的に把握することの困難が強調されていたのはけだし当然のことであった。しかし彼も勿論新しい理論が数学的体系的完成において欠ける所があるのを十分認め、「一個の結晶は明晰である。かかる結晶の破片の集まりはしかし不透明である」、という美しい比喩によって叙述を終っている。

大学の二回生の頃からシュレーディンガー（Schrödinger）の波動力学がヨーロッパ学界に大きなセンセーションを起していることを知るようになった。間もなく私には彼の論文集"Abhandlungen zur Wellenmechanik"を貪り読む日が訪れた。そして一時はすっかり彼の波動一元論のとりことなってしまった。そして三回生の時に発表されたディラック（Dirac）の相対論的電子論をもダーウィン（Darwin）などに従って純波動論的に解釈しようと努めた位であった。しかしどんな方法で行われたにせよ、〝量子化〟するということは何等かの形における自然の不連続性の表現であった。西の端から東の端へふれ切った振子はふたたび振動の方向を変えざるを得なかった。ボルンやヨルダンやディラックの波動函数に対する確率的解釈、ハイゼンベルクの不確定性原理、ボーアの相補性の提唱等は、連続論と不連続論、決定論と非決定論の間の振動を急速に減衰させることとなった。それは私自身にとっても、不十分ながらも一つの安定な精神状態への到達を意味していた。

## 3

大学を卒業した私は、これから先はどうしても当時未開の荒野であった原子核の理論へ入って行く外はないと思った。先ず最初に手を着けたのは原子スペクトルの超微細構造の問題へ、ディラックの原子論を応用することであった。それがある段階に到達した時、フェルミ（Fermi）のもっと先へ進んだ論文があらわれた。そこで私はこの問題を放棄し、当時最も不可解だとされていたビーター崩壊の理論にぶつかって行くことにした。そしてこの問題を核力の問題と関連させようとしたのであった。それは最初は核内電子に対してはエネルギーの保存の法則が成立しないというボーアなどの考えと、ハイゼンベルクの原子核構造論とを直接結びつけ、電子の交換に基づくものとして核力の場を取扱う試みであった。この考えは私の京都帝大から大阪帝大への転任の前後から萌していたが、それはもともと、エネルギーだけでなく角運動量の保存の法則とも両立し得ないものであったから、現在の量子力学で取扱える筈のものではなかったのである。

ここで私が大いに苦しんでいる時に、私より一歩先んじたのは又もフェルミであった。彼はパウリ（Pauli）の中性微子（neutrino）の仮説を基にしてビーター崩壊の見事な理論を建設した。しかしそれはやはり、核力とは直接結びつけ得ないものであることが間もなくわかった。この間隙を満たすものとして中間子の仮説が導入されたことは改めて説明する必要もないであろう。私の当時の気持としてはビーター崩壊の理論と核力の問題の間には、矛盾があるというよりも何か足りないものがあるという感じの方が強かった。そしてそれと同時に基本的な力というものは、重力場や電磁場と同じように、〃場〃として表現さるべきものであるという考えが、前から引続いて頭の中にこびりついていたように思われる。

後になって考えて見ると、それはむしろ古典物理学の伝統に引きずられすぎていたことを意味する。力とか場とかいう古典的な概念に拘泥せず、もっと広いもっと自由な立場から、素粒子間の相互作用を考察すべきであったとも思われるのである。しかしもしそうしたならば、或は〃中間子対理論〃(meson-pair theory)の如きものに到達していたかも知れない。ところが、この理論では核力の形が極めて複雑となり、且つ違った組合せがいくらでも考えられるのみならず、現在の量子力学をそのまま適用したのでは余りにも発散が強すぎて、信頼し得る結論がほとんど得られないのである。従って私がより近代的な立場に立っていたならば、恐らく中間子の概念に想到する以前に挫折してしまっていたのではないかという逆説さえ想像されるのである。しかし今日となって見ると、通常の中間子理論と中間子対理論の優劣はかえって判定が困難となっているのである。将来この問題がどう解決されるにせよ、私に取っては成功にも失敗にも何か運命的なものが感ぜられるのである。そして私などとは比較にならぬ偉大な学者であったローレンツ（Lorentz）の電子論のたどった運命が自ら想起されるのである。

4

中間子論のその後の発展は周知の如く、坂田・武谷・小林等の諸氏の協力に負う所が大であり、又昭和一二年（一九三七）以後は世界各国で盛んに研究されることとなったが、これについてはここで詳しく述べることは止め、ただそのちょっと前の、そして私に取って忘れることの出来ない一つの思い出を述べて、この稿を終ることにしよう。

昭和一〇年の夏に、ディラックとベック（Beck）の二人が時を同じくして来朝した。ディラックとは十分話し合う機会がなかったが、ベックはその年の二月に発表した私の第一論文を読んで大いに共鳴してくれた。彼との会談によってビーター崩壊に随伴する核による軌道電子の捕獲——いわゆるK電子捕獲——の現象の可能性の示唆を得たことも大きな収穫であった。当時彼はカンサス大学からオデッサ大学へ転任の途上にあった。その後フランスに移り更に現在ではブエノスアイレスの大学にいる由である。早くから原子核理論に手を染め荊棘（いばら）の路（みち）を歩んだ人であるが、中間子仮説の価値を認めてくれた最初の外国学者として、私に取って忘れることの出来ない人でもある。

取りとめもないことを書きつづったが、研究意慾だけが先走りして、才能と実行力の伴わない一学徒のささやかな思い出が、科学に志ざす若い人々に少しでも刺戟を与えることになるならば、それは望外の喜びである。

〔一九四七年一月二〇日〕
（一九四七年三月号）

# 学術の交流

終戦後僅か三年間の世界物理学界の著しい進歩を顧る時、世界の平和とそれに伴う知識の交流とが学術の発達に取ってどんなに大切な条件であるかが今更の如く痛感される。学問も一つの生き物である。個々の学者が外部からの刺戟に対して様々な仕方で反応し、それが又他の学者に対する新しい刺戟になり、学問の成長が促進されるのである。私ども理論物理学を専攻する者の間の狭い経験から見ても、終戦後における外国文献の到来が与えた刺戟がどんなに親切且つ強烈なものであったか、約四年の間というもの外国でどんな研究がなされているか知る由もなかったのが、ふたを開けて見た時に私どもの受けた印象は果してどうであったか。それは大変錯雑としていて簡単に分析しつくせないが、二、三の点を拾いあげて見ると、凡そ次の如くである。

先ず第一に感じたことは、私どもの専門の素粒子論方面に関する限り、日本もアメリカも研究の進んでいる方向、程度ともに予想以上に似ていることである。むしろ日本の方が着手が早いという場合さえある。例えば昨年のブリストル大学の人々の写真乾板による宇宙線中間子の撮影という劃期的な業績によって確認された「二中間子説」の如きは、既に五、六年前に名古屋大学の坂田氏や谷川氏によって提唱されていたのである。又自己エネルギーの問題は同じく昨年のラムとレザフォードの美事な実験によって新生面を開かれることになり、その理論的裏づけは最初にベーテによって行われた。この方は明かにアメリカによってリードされているが、しかしその後における理論的の研究はオッペンハイマー門下の人々及び朝永氏を中心とする東京文理大学・東京大学の人々によってほとんど並行して進められている。従って今までの所では私どもは、余り卑下しなくてもよいように思われる。

しかしこれから先のことを考えると、いささか心配になってくる。というのは、中間子論を中心とする素粒子論の今後の発展には、恐らく実験室内で大量に作り出された中間子を種にして見出される新事実が最も重要な支柱となるであろうことが予想されるからである。本年に入ってからカリフォルニア大学の大サイクロトロンは実際人工中間子を作ることに成功しているのである。それ以前、既に昨年、この大サイクロトロンで作った九〇〇〇万ボルトの中性子を陽子に衝突せしめることによって、核力の少くとも相当部分が「交換力」であることを確認する重要な成果が得られているのである。今後は恐らく比較的短期間に予想外の新しい事実が幾つも見出されるのではなかろうか。今まではむしろ理論が実験に先行して、多くの重要な事実を予知し得たのである。しかし一〇億ボルト・一〇〇億ボルトという大エネルギー粒子を発生し得る装置が続々と計画されている今日、理論が果して今後も実験と歩調を合して新領域を開拓してゆけるであろうか。人間の想像力には限りがある。数学的推理能力にも自ら限度がある。

こう考えて来ると、わが国のように大規模の実験を当分やれそうもない所では、全ての条件が益々悪くなるように思われる。しかしこのような悲観を打消すのに良い先例として、第一次大戦後にドイツの理論物理学が急激に発展したというような場合もある。それればかりではない。今日は最早や国家とか民族とかいう小さい殻に閉じこもっている時代ではない。科学の世界は文字通り一つしかないのである。何よりも一個の科学者として世界学術の進展に貢献する人が一人でも多ければ、その国家、その民族はいつかは世界からそれだけ多くむくいられるに違いないのである。

学術の国際的交流は段々盛んになってゆく。今後私どもは刺戟が足りなくて困ることはないであろう。問題はこの刺戟に対するある科学者の反応が、他の科学者に対する新しい刺戟となり得るか否かにある。

（一九四八年一〇月号）

# 旅のノートから

拝復　度々御手紙頂き、又毎月雑誌お送り頂きながら、お察しの通り、毎日相変らず目のまわるような忙がしさにて、一二月末ヨーロッパから帰って見ると、用事が山のように溜っている上に、更に溜って行くので、毎日溜息をつくばかりです。

さて原稿の御依頼常に気にかかっていますが、まとまったものに筆を執る時間なく、ついつい延引、誠に申訳ありません。

それで、その代りにはなりませんが、ヨーロッパ旅行中に作った和歌十数首、まだどこにも発表してないものばかり、少し旅行経過の説明をつけて、左に書きました故、自由にお使い下さい。

一二月八日ストックホルムに到着以来、一五日まで、私どもにとって一生忘れることのできない感激に満ちた、しかし多忙を極めた日々を送りました。それ以後のデンマーク・フランス・イギリスの旅路も、二八日まで全体で二週間という短期間ながら、誠に愉快でした。

先ずデンマークの首都コペンハーゲンでは、この国の代表的学者であり、アインシュタインとならんで世界物理学界の二大権威の一人であるボーア博士を、同氏の主宰する理論物理学研究所に訪ね、十数年前の訪日の思い出や、仁科博士その他ここで学んだ多くの日本の物理学者の噂もでて、博士夫妻の日本学界に対する友情が、今もかわらぬことを知ったのは、何より嬉しいことでした。

パリでは、ポアンカレ研究所長プロカ博士が、親切に世話してくれ、同所で講演した外ド・ブロイ博士・ジョリオ博士・ジョリオ・キュリー夫人等主だった物理学者と話をする機会を得ました。パリ滞在中、日本人とも会い、市中の名所や郊外のベルサイユ宮殿を見る暇を見出し得たことも、私どもに楽しい思い出の種となりました。その際思いつくままにノートの隅に書いた和歌を御笑草までに――

ベルサイユにて

ベルサイユ木立はてなし池長し目路（めじ）の彼方に消えし今の世

冬木立噴水閉し並び立つ石の神々またものいわず

歩みきてふとそこに待つ馬車に乗る馬蹄のひびき耳に清(す)がしも

トリヤノンしだるる柳萱(かや)ぶきの家ぞ王妃の華奢のきわまり

太陽王馬上の銅像尻目にて乱れ入りにし革命の群(むれ)

媾和会議調印の間に居ならびし人去り星座移る幾度(いくたび)

そのかみの王宮今は人住まず鏡空しくうつす広庭

パリにて

車飛ばしただ忙がしく駆けめぐる冬のパリーはデッサンに似る

冬枯れてアメリカ人(びと)も来(こ)ずなりしモンマルトルの灰色の壁

上りゆくモンマルトルの石畳安ペンキさえ由ありげなる

霧深み飛行機の影おぼろなるエヤーポートに一日暮しつ

霧こめしパリーの宿に帰りきて旅の愁はややに深しも

ロンドンに着いた時には、丁度クリスマスの休みで、学者の人達に逢うのは遠慮し、二、三日、市中見物をしました。クリスマス休みあけの二七日にはブリストル大学へ行き、π中間子の発見者として有名なパウエル博士の実験室を訪ね、翌二八日にはエディンバラ大学で量子力学の創始者の一人であるボルン博士に会いましたが、偶然アップルトン博士、C・T・R・ウィルソン博士（両者ともノーベル賞受賞者、後者はウィルソン霧箱の発明者）と落合ったのも奇遇でした。二八日夜グラスゴウから空路大西洋を越え、二九日無事ニューヨークに帰り、お餅のあるお正月を迎えることができました。

（一九五〇年四月号）

# 若い人々へ

二年ぶりで懐しい故国に帰って参りまして、非常に嬉しく存じます。私が京都大学に入学いたしましたのは大正一五年のことでありますが、それ以後、私が専門といたしております物理学は非常な発展を遂げまして、この二十数年間に全く面目を一新したということは、多くの皆さんがすでに御承知のことと思います。どういう点において変化があったかということを申しますには、私が京大へ入学いたしまして以来、私自身が経験してきましたことを簡単に順序立ててお話いたしましたならば、それによって自然と物理学界がどのように進歩して来たか、またとくに私がアメリカへ参りまして以来の最近の二カ年間にどのようなことが起ったか、そういうことを通じてお判りになると思います。

私が入学いたしました頃は、すでに、あるいはプランクが一九〇〇年にいい出しましたところの量子論というようなもの、あるいはまたアインシュタインの提唱いたしました相対性理論というようなものが世に現われておりまして、物理学界はすでに根本的な変革を遂げておったのであります。しかし、ちょうど私が大学に入りました当時、一九二六年前後には、この量子論を発展させた電子力学という新しい部門が伸展しつつあったのであります。私も大学に入ると同時に、この新しい学問の空気の中に引き入れられたのであります。不幸にしてわが国にはまだまだその方面の研究者は現われておらなかった、と申しますよりも、世界中を通じまして、このような新しい部門の研究者というものは若い新進の学者に限られておりまして、その意味におきまして、われわれもわが国内に指導者を見出すということに非常な困難を感じたのでありました。幸いにして私は三回生になりましたときに、亡くなりました玉城嘉十郎先生の御指導を受けました。玉城先生の御専門は相対性原理、あるいは流体力学というような方面でありましたけれども、それにもかかわらず新しい方面の研究にも十分に御理解がありまして、自由に愉快に勉強することができたのであります。

その前後に世界各国から、新しい物理学の開拓者でありますところのハイゼンベルク、ディラックというような一流の大家が日本に多く来られ、また外国に留学しておられた日本の新進の学者の方が帰って来られまして、たびたびそういう人たちの講演を聴くこともでき、それによりまして非常に大きな刺戟を受けたのであります。私が大学を卒業いたしまして、自分自身の研究題目を選びたいと思うようになりました時分には、量子力学というものは一応すでに完成しておりまして、これから先は、その当時全く未解決であった原子核の問題、これの研究が今後の大問題であると思い、私もその当時からその方面に少しずつ手を染めるようになっていたのであります。

その後大阪大学に移り、中間子の理論などを研究いたすようになりましたのは、それから数年後のことであります。玉城先生が亡くなられましたので、その後任として私は昭和一四年に再び母校でお世話になることになりました。それと前後しまして、ヨーロッパで行われますソルベー会議という、世界の理論物理学界の一流の学者の集まる学会に出席することになり、渡欧いたしましたが、ちょうどドイツにおりましたときに第二次世界大戦が起りましたので、アメリカを通って帰って来たのでありますが、その当時アメリカにひと月ばかり滞在いたしまして、多くの学者と接する機会を得、そのときに非常に多くの親しい友だちを作ることができました。それが今日から見ても非常に幸せであったと思っております。

戦争が終りまして間もなく、アメリカともいろいろな意味で研究の連絡ができるようになりました。そのころ、プリンストンの所長のオッペンハイマー博士から一度出て来てはどうかということで、一昨年渡米することになったわけであります。

向うへ行ってみますと、第一に感じましたことは、その前、ちょうど戦争の直前に参りました時と比べて、日本の学者ないし日本というものに対するアメリカの見方に、親しみというものが以前よりも非常に増しているということであります。これが二～三年前までお互いに戦争していた国であるということは想像もできないくらいであります。とくに学者の間では、そういう過ぎ去った過去に対するわだかまりというものは少しも感じられない。どの学者も一様に私どもに対して親切であったということに、まず第一に非常に深く印象づけられたのであります。

さて、私が参りましたプリンストンの研究所といいますのは、そこに永続的に留まっておられる人たち――たとえばアインシュタイン博士でありますとか、あるいは数学でいえば、フォン・ノイマン、ワイルというような――世界一流の学者でそこに永く滞在しておられる人自身が、すでに多くはアメリカ以外の国々から来られた人でありますが、さらにそれよりずっと多数の比較的若い人が、あるいは一年、半年という短期間そこに招かれて、お互いに討論し合い、また落ちついて自分の研究を進め、またその期間が過ぎれば、それぞれの大学に帰って研究するという、通常の大学とは非常に違った全く独立した一つの組織のものであります。私もそこへ参りまして、その研究所のすぐ近くに小さな家を借りて住んでおったのでありますが、近所に住んでおられます方は、いずれもすぐれた研究者で、いろいろな方面の人々であります。数学、物理学に限らず人文科学の方もおられる。しかもそれは世界各国から来ておられる方である。お互いに英語の語学力は十分ではない。研究所で使われている英語というのは、普通のアメリカの英語とはよほど違ったものなのでありますが、そのようないろいろな民族の違い、言葉の障碍、いろいろな習慣の違いということがありますにもかかわらず、私どもはそういう人たちと会えば、すぐに了解し合うことができまして、あるいは研究のことについて話し合うということばかりでなく、日常生活、日常の交際というものを通じまして、人間的にお互いにただの人間としても了解し合うということが非常に容易である。民族も違えば習慣も違い、言葉も違いましても、人間というものは、その本質においては決して違うものではないということを親しく経験することができまして、とくにいまのような世界状勢におきましては、私にとりましてこれも非常に嬉しいことでありました。

最近アメリカの新聞を見ておりましたら、国際連合の一つの関係団体でありますユネスコにおいて、世界の人種というようなものの違いはどうして定義されているか、どうして区別されているのかということについて各国の学者が集まって研究いたしまして、その結果の要点が出ておりました。それによりますと、結局民族、人種というようなものははっきりと定義できないものである。しかも、ある民族がすぐれている、ほかの民族は劣っているというようなことはいえない、本来的にはどの民族でも固有の能力を持っている。どういうような方面の才能でもみな持っている。ただ最も違うのは、習慣の違いによるものである。その記事の最後に、孔子が二〇〇〇年以上も昔にいった言葉として、人間の本性というものは非常によく似たものである、ただ習慣が非常に違うのだ、これは「論語」に出ております「性相近きなり、習相遠きなり」という言葉であろうと私は推測するのでありますが、そういうことが書いてありました。私も自分自身の経験から見ましても、これは本当のことだと思います。今日の世界が非常に不安な状態にあるということも、地球上の二〇億の人類がお互いに十分理解し合うことができないからである、もし理解し合ったならば、その間の違いというものは決して大きなものではない、それが融和し合わないはずはないということを固く信じておるのでありますが、現状はなかなかそういうふうにはいっていない。これは大へん悲しいことでありますが、将来におきましては、必ず違った国々が本当に了解し合う日が来るに違いないと信じております。

それから、プリンストンに一年ばかりおりましたが、その間にもいろいろのことを感じ、どういうことからお話をしてよいか判りませんが、私が一番強く感じましたことは、私が日本におりました時と比べまして本当に自分自身の時間が非常に多いということ、これはおそらくここにおられる皆さんが私と全く御同感であろうと思うのでありますが、日本にいますと、自分自身の持っている時間、つまり二四時間というものは自分のものはずでありますが、実際そういう時間というものは殆(ほとん)どない。結局はじめから自分の研究以外のほかのことに使わなければならない時間が非常に多い。かりに一日一時間あるいは一時間半という間隙がそこにあったといたしましても、本当の研究というものは、ちょっと切り取られたそういう短い時間の間にできるというはずはないのであります。いやしくも研究生活に携わられた方々は、そういうことが不可能だということをよく知っておられると思います。でき得べくんば一週間に三日なり四日なり、あるいは一週間ぶっ通しに、あるいは一年間ならば一年間ぶっ通しに、自分の研究にすべての時間を使い得るというようにならなければ、本当に立派な研究はできないと思うのです。

これは極端な例ですが、プリンストンの研究所は全く例外で、アメリカの中でも、このような大学とも離れた別な機関は贅沢品であって、これには大きな欠点があるということをいう人も多いのであります。その欠点の一つは、大学というものと直接の関係がありませんから、学生との直接の接触がない。新しい学生が入って来る、古い学生は卒業して出てゆく、そのような新陳代謝がつねに行われている中に、その新陳代謝の一つの流れの傍に自分も置かれているということが、私どもの研究意慾というものをいつも新しくするのに一つの重要な要素である。これは私も同感であります。しかしまた一方からいえば、外の機関とか、あらゆるディスターバンスから隔離されて十分に自分の研究をするということも非常に願わしいことだと思います。

昨年の九月からコロンビア大学の方に移りましたが、これはまあ見方によりますと、プリンストンの研究所とは全く正反対の大学でありまして、学生の数も三万人に近い。

ニューヨークの街のまん中にありまして、私がいまおります物理学教室も一三階建の建物であります。私は毎日エレベーターに乗りまして、一〇階にある研究室に出入りしております。そのように非常に繁華な大都会のまん中で、十分落着けないところに立っている。しかも生徒の数は非常に多いのでありますから、いろいろな点でプリンストンにおりましたときのような落着きというものがないのであります。しかし、ここも国際的な色彩を持っております点においてはプリンストンと変りがありません。われわれの講義を聴いております学生の中にもいろいろの人がおります。たとえばイラン、イラクから来ている学生もあります。イラクの話を聞いたりいたします。そのようなわけでありまして、性質は非常に違うのでありますが、しかしそれだけに非常に活発に研究が行われている。いつでも新しい刺戟が得られ、従ってそれによりまして、何といいますか、実際仕事をしてゆくという意慾が非常に強くなってゆくというような利点もあると思われるのです。

しかし、そういうわけでありますから、先ほどいったことと少し矛盾するようでありますが、実際われわれ研究者にとりまして理想的と思われるのは、われわれ実際研究者というものは、決して自分の研究能力というものは無制限ではない、非常な制限がある。いつでも調子よく研究ができてゆくというようなものではない。従ってある期間には、研究所のような非常に静かな環境、落着いて全く新しく自分の考えを練り直すというような期間も必要であります。けれども、あるいはまたコロンビア大学のようなところで、非常に刺戟の多い、変化の激しい環境の中にありまして、自分の研究を進めてゆくという期間のあるのも非常によいことだと私は思っております。私自身、日本において、京都大学におりましたときには、自分の研究を発表するというよりもむしろ落着いて自分の構想を練るという期間であったと思います。それから大阪大学におりました七年間は、とにかく仕事をしてゆくという期間であったと思っているのでありますが、そのようにいろいろの意味で変化のあることが必要である。自分の個人の経歴としても、そういうことは私にとって非常に幸せであったと思いますが、もっと大きく考えましても、日本のいろいろな研究組織というようなものにもそのような変化のあることが必要で、すべてが一律化されてしまうということは、全く望ましいことではないと思います。なぜかと申しますと、研究というものは、これは決して事務ではないのでありまして、何か新しいものを生み出してゆくのにどうして新しいものが生み出されるかということは、こうすればできるということは決して誰もいえない。単なる偶然ではないのでありましょうけれども、こうしておけばひとりでに新しいものが出て来るということはいえない。でありますから、新しいものを生み出すというためには、そこにいろいろな環境というものが必要であると思います。研究組織というようなものが全く一律化されるということは、最も避けるべきことであると私は信じています。

この問題は研究、教育の関係ということに立ち入りますと、非常に複雑な問題があるのでありまして、私は主として研究者の立場から申しておるのであります。わが国でも近き将来におきまして、大学院の制度というものが非常に重要な問題になって来るだろうと思うのであります。私などの立場から見ますと、これは非常に極端かも知れませんけれども、将来日本が科学におきまして本当に貢献できるかどうかということを決定する一つの重要な鍵というものは、この大学院制度がどういうふうに活用されるようになるかということにあるとさえ思われるのであります。

次に、私がアメリカにおりました二年間にもう一つ感じましたことは、これはいうまでもないのでありますが、アメリカでは非常に多額の経費を使いまして、非常に大規模な実験があらゆる方面で盛んに行われております。極端にいいますと、アメリカでなければできないという研究が非常にたくさんあるわけです。ことに私どもの専門でありますところの原子核研究というようなものになりますと、現在では非常に大きなエネルギーを発生し得るような装置を持っておらなければどうにもならない。まあ紙と鉛筆だけで研究するようなものにとりましては、それは自分自身の直接の問題ではありませんけれども、いやしくも何か実験をやろう、物質構造の本質に触れるような問題に新しい領域を開こうとしますと、相当金の力のかかる大規模な装置をこしらえなければどうにもならない。勿論宇宙線の研究というようなことになりますと、日本でも、またヨーロッパの国々でもできるという余地はありますが、原子核の問題になりますと、これはアメリカでなければできないといっても過言ではない。カリフォルニア大学、コロンビア大学、その他の大きな大学では、それぞれ二つ三つ、あるいはいくつかの大きな機械の装置を作りまして、そこで盛んに研究が行われている。これは皆さん御承知の通りであります。これはちょっと今のところ日本ではどうしても真似のしようがない。これはちょっと今のところ日本ではどうしても真似のしようがない。ヨーロッパにおきましても、そういうものを作ろうという努力はされております。現に私が昨年夏スウェーデンに参りましたときにも、ウプサラ大学で大きなサイクロトロンを作りかけておりました。スウェーデンなんかは比較的ゆたかな国で、一つくらいは作る余裕があるのであります。イギリスなんかでもそういう機械を作っておりますが、ヨーロッパのその他の国々では、そういうことは容易なことではない。まして日本では、近き将来においてそういうものが実現できるとは思われない。

こういう点を考えてみますと、少くとも私どもの専門に関する限り、日本だけで孤立して、自分だけで何かやってゆくというようなことは全然考えられないのです。われわれが勝手に机上の議論をしておりましても、間もなく行き詰ってしまうか、とんでもない見当違いのことになってしまう。私は将来アメリカに限らず、ヨーロッパの諸国との間の研究の連絡というようなことがもっと緊密になりまして、日本の学界があらゆる方面にわたり世界の学界というものを背景として、それから見て有意義な研究、十分価値のある研究というものがなされるようにならなければならないし、当然そうなってゆくものと思います。

さいわいにして私どもが携っております理論物理学の方面におきましては、非常に多数の新進の有能な人たちがおられまして、外国でも十分にその研究成果価値は評価されております。そうしてこれは単なる一つの例外的な場合であるとは思われないのです。ほかの方面におきましても、同様なことがあり得ることで、現にある方面では、おそらくそういうこともあるのではないかと思います。私はあらゆる方面の研究のことは十分に知りませんが、どのような方面におきましても、そういうことは実現され得ると思います。

ただ私は少し残念に思っておりますことは、今日理論物理学研究者の数は非常に多い、仕事も盛んに行われているのですが、その質といいますか、そういうような点においては、まだ十分であるとは思われません。私どもの今まで研究してまいりました、中間子論の現状から、その基礎をなす量子電磁気学を考えてみますと、どうも何か根本的な難点を包含しており、これは何か飛躍的な改革なしには先へ進むことができないという状態にあると考えられるのであります。従って、そういう多くの研究の中から創造的なものが生み出されるということを私は期待をしているのでありますが、今日までのところでは、その量に比べて質が十分それに伴っているとはいえない。しかし私はそういう新進の人たちに非常に大きな期待はしているのです。

そういうわけでありますから、日本で研究するにしましても、あるいはアメリカで研究するにしましても、日本というものだけを切り離して考えてみたのでは、とくに私どもの研究方面では、殆ど無意味である、すべては世界的な学界の水準というものを基にして考えてゆかなければならないと思うのであります。今後、日本の研究者の研究が、あるいは人種的な偏見、あるいは言語というような理由でもって、その価値が低く評価されすぎるという、そういう虞れは実際ないと思います。私自身が思いがけなく今回ノーベル賞を授与されることになりましたということは、私自身にとって非常に光栄であるばかりではなく、日本人であろうと、どこのどのような国の人であろうとも、相当に価値のある研究であれば、実際それに対して正しい評価が下されるものであるということの一つの明確な証明であって、こういう意味におきまして、今後、日本で科学その他あらゆる方面の研究に志される人に対して、刺戟といいますか、一つの非常によい例証になり得たということを大へん嬉しく思っている次第であります。

私も日本に帰りまして以来、皆さんから非常に御歓迎を受けまして非常に感激しておるのであります。こういう一ばん暑いときに帰りまして、皆さんから歓迎していただくのは有難いのでありますが、なかなか自分のからだが持ち切れないくらいに毎日忙しくいたしております。十分に自分の考えをまとめる暇もございませんでした。大へん雑駁なお話でありましたけれども、これをもって私のはなしを終りたいと存じます。

〔この論文は、八月一八日京都大学においておこなわれた講演の全文である〕

（一九五〇年一一月号）

# 仁科芳雄先生の思い出

昨年八月東京で仁科先生にお目にかかった時には、還暦とは見えぬお元気な御様子だった。羽田飛行場へ見送って下さったのが最後のお別れになろうとは夢にも思っていなかった。先生がなくなったという電報を受取っても、ちょっと信ぜられなかった。時がたつに従って、しかし思い出があとからあとからとよみがえってくる。短い冬の日が暮れかかって部屋の中が薄暗くなる頃などに、先生のことがふと心に浮ぶと、何ともいえぬ悲しい気持になる。窓辺に立って街をゆきかう自動車をぼんやり見下していると、無常迅速という言葉がおのずと思い出される。

なき人を遠きにありて偲べとや
　ここにも空は夕焼けにして

私どもは自分のおかれている環境の安定性を、無意識的に、そしてしばしば過度に信頼している。会う人の誰にでもおのずからなる安定感を与える仁科先生のような人が突然なくなったりすると、今更のように人間界・自然界の根底にひそむ不安定さに愕然とするのである。

今の科学研究所、当時の理研の正門から幾つもの建物の間を何度も曲った一番奥の二階のつきあたり、細長い明るい部屋で先生に何度お目にかかったか。自分のやりかけている仕事の話をすると、いつも「そいつは面白そうじゃありませんか」と、いかにも嬉しそうにいわれる。私は生来人見知りが強く、父にさえ自分の思っていることが充分いえなかった位であるが、先生にお会いすると、自然に元気づけられ、どんなことでも楽な気持で相談ができた。昭和一四年にソルベー会議に出席するようブラッセルから招待された時、前例がないので文部省から旅費が出そうになかったが、この時も先生が一番親身になって心配して下さり、結局大河内所長の好意で、理研から旅費を支出して貰えることになった。この会議自身は第二次大戦の勃発のために中止となり、僅か一ヵ月のヨーロッパ滞在の後、帰国しなければならなかったが、途中アメリカに一ヵ月いて、主な大学を一巡し、オッペンハイマー博士その他多くの物理学者と友情を結ぶことができたことは、非常に大きな収穫であった。今ニューヨークにあって当時のことを思い起し、感謝の念に堪えないものがある。

仁科先生の辿ってこられた道をふりかえって見ると、色々な点で日本の大多数の科学者のそれと違っていることに、今更の如く印象づけられるのである。先ず第一は最初から物理学を志して大学へ入られたのではないことである。専門が途中で変るということは外国では余り珍らしくないが、日本では非常に少ない。これは一つには師弟関係とか縄張りとかいう制約が、外部から見るより強いためであったのかも知れない。

第二の特徴は先生が例外的に長くヨーロッパに滞在し、そこで世界的水準から見て立派な業績——例えばクライン・ニシナの公式の導出——を成就されたことである。明治初期の科学者はほとんどすべてを西洋から学ばなければならなかった。それにもかかわらず、明治中期には既に早く長岡半太郎先生のような原子物理学界の世界的な先駆者を出していたことは驚くべきことであった。明治後期から大正年代にかけて日本の学界が急速に向上し、外国で学ぶ必要はずっと少なくなってきたように見えた。ところが、大正末年から昭和の初めにかけて、量子力学がドイツを中心として西欧諸国に出現するに及んで、物理学に関する限り情勢は再び逆転した。この新しい物理学を身につけた指導者の必要が痛切に感ぜられたのである。幸い、その当時ヨーロッパの第一流の理論物理学者が相次いでわが国を訪れ、荒勝・杉浦等の諸先生がヨーロッパから帰国され、新しい理論を日本の物理学界に伝えるのに大いに寄与するところがあったが、中でも仁科先生が当時の理論物理学界の中心である、ボーア博士の主宰するコペンハーゲンの研究所での長期に亙る滞在から帰ってこられたことは、非常に重要な意義を持っていた。

第三の特徴は先生がその後半生を民間の研究所たる元の理研、今の科研のために捧げられたことである。自然科学の研究のほとんど全部が官立の大学を中心として行われ、私立の大学の発展さえも容易でなかった国情の中で、理研のような純然たる私立の、しかも基礎研究を主眼とする研究所が成立し、しかも日本の科学界に重要な地位を占め得たことは、それ自身異例に属する。先生がここを本拠とし、終生を民間人として過され、しかも学界の中心人物の一人であったことは、更に例外的なことである。

終戦後、官尊民卑の弊風は余程少なくなったが、その代り私設の諸機関は経済的には、戦前より遥かに困難な立場とならざるを得なかった。先生が理研の解体の結果として新たに発足した科研の運営にどんなに苦労したか、この心労が先生の天寿を縮めたのではないかと思うと、暗然となると同時に、この誇るべき伝統を持った研究所が、先生のなき後も、一層の発展を続け、昔の理研の盛時が再現されるように切望せざるを得ないのである。

上にあげたのは勿論、先生の経歴の中に明瞭にあらわれた、しかしその代りむしろ外面的な特徴である。これ等の特徴が先生の科学者としての、また人間としての諸特質と緊密に結びつき、互いに原因となり結果となって、一つの偉大な人間像が成立したのである。先生の理解力と記憶力の非凡なことには、私どもはしばしば印象づけられてきた。ハイゼンベルク、ディラック、ボーア等の諸博士が相ついで日本を訪れた際の講演の通訳はほとんど全部仁科先生が引受けられたが、相当長い部分をその場で聞いただけで、極めて正確に日本語に直して話されたという一事だけでも、容易に他の人の追随を許さぬ先生の才能を雄弁に物語っている。

先生が常に将来に対するすぐれた見通しを持っておられたことを裏書する事例にも乏しくない。私に直接関係ある中間子問題にしても、その存否の検証に最も早く手を染められ、中間子の質量を最初に測定されたのであった。

しかし私が更に一層尊敬するのは、自己の利害を超越して、更に毀誉褒貶を無視して、他人のため、公共の目的のためにつくされたことである。私が既に述べ来った先生の経歴の表面的観察だけでも、この点は明瞭であろうと思う。先生の親友であったラビ博士も、いつもこの点をほめておられる。

これらの外的内的諸特質の綜合として成立つ先生の人間像は、私自身の感じからいうと、東洋的なものと西洋的なものの均衡ある調和によって支えられていたとでもいいたい。既に述べた如く、先生が例外的に長く外国におられた結果として、日本人にはまれにしか見られない合理性が生活態度、研究態度の中にしみこんでいたように感ぜられる。先生が疲れを知らぬエネルギッシュな人であったことも、西洋的なものを感ぜしめた。しかしその反面、清濁あわせ呑むとか、春風駘蕩(しゅんぷうたいとう)とかいう東洋的な形容詞が先生の場合にはピッタリあてはまるのである。

先生は終生ボーア博士に傾倒しておられた。私は今までに、現存の世界の第一流の物理学者のほとんど全部に会う機会を持ち得た。その中で、アインシュタイン博士とボーア博士の二人には、何か科学者という概念では包み切れないあるものを感じた。私どもが極めて漠然と東洋的といっているところのもの、叡智とかウィズドムとかいっているところのものが感ぜられた。ここには年齢という問題もあるであろう。こちらの側の尊敬の気持というものも幾分か影響しているであろう。しかしそれ等が全部でないことは確かである。私は仁科先生の若い時分のことは、何も知らない。私のいい得ることは、先生が私淑しておられたボーア博士と幾分か共通するところのものが、先生の中に見出されたということだけである。

〔一九五一年二月一日、ニューヨークにて〕

（一九五一年四月号）

# 科学の進歩と国際協力

本日、ユネスコ国内委員会の創立を記念いたします、この大会の席上で、「科学の進歩と国際協力」という問題につきまして一言お話し申上げる機会をえましたことは、私にとりましてまことに光栄と存ずるところでございます。

一口に近代の文明といわれておりますところのものを、それ以前のいろいろな時代のいろいろな地域の文明、文化とかいわれるものと区別いたしまする最も明瞭な標識となりますものが近代科学でありますことは、私がいまさら申上げるまでもないところでございます。近代科学というものにはいろいろな著しい特徴があるんでありますが、その第一は普遍性ということでございます。科学の進歩によりまして見出されました真理というものは、地球上のどのような地域にもできるところのものであります。人間が人為的につくりました国境でありますとか、あるいは法律というようなものは、科学にとりましては——科学と申しましても特に自然科学にとりましては、何らの功利的な意味を持っていないのであります。

近代科学は一七世紀以来ヨーロッパで発達してきたものでありまするにもかかわらず、それが順を追うて世界のいろいろな地域に拡がりまして、今日では西洋文明がすなわち世界文明であるかのごとき観を呈しておりますのも、主として科学の普遍性に基くものであるということは、私が改めて申上げるまでもないことでございます。科学に関する限りは現代世界には一つの科学しかないのであります。将来におきましても一つしかないであろうと思うのであります。

人間の他の種類のいろいろな文化を見ますと、それぞれの程度に応じまして普遍性があり、また特殊性があるのであります。先程も堀内（敬三）さんからお話がありましたように、芸術にも著しい普遍性があるということも事実でありますが、また他の国、他の地域からはすぐには諒解ができないような特殊性をもった芸術という民族的のものがあるのであります。そういうわけで、近代科学は特に著しい普遍性をもっているのでありまして、世界中の科学者はその国籍の如何にかかわらず、その人がどういう民族の一員であるかというようなことにかかわらず、共通の真理を探究しているということはいまさら申すまでもないことでございます。

国際情勢の変転に伴いまして、しばしば世界のいくつかの地域の科学者が相互に隔離され、別々に独立に研究を続けることを要求されるというような場合があるのでありまして、現に第一次の世界大戦中でありますとか、こんどの世界大戦中のごときはその最も著しい例であります。ところが、このように相互に隔離されました状態におきまして、ちがった地域で独立に研究されました成果が、戦争がすみまして後相互に知らせ合うことができますようになってみまして、同じ問題の同じ解決、同じ新事実の発見というようなことが、二つあるいは三つのちがった国々によって独立になされておるということが見出されるのでありますが、これは私どもの勉強しております物理学の範囲におきましても幾つかの例をあげることができるのであります。

これは一面から見ますと、先程からくり返して申しております科学の普遍性の最も明白な証明であるのでありますけれども、それと同時に一面から見ますと、本来普遍性をもった科学の研究にとりまして国際間の協力というものがいかに自然であり、また合理的であるかという——その反対に、研究が個々独立になされることはいかに不自然であり、また無駄が多いものであるかということを示すものでもあります。

実際科学の発達に——特に原子物理学、今日人間のあらゆる種類の活動、人間の将来の運命にとりまして最も大きな影響力をもっておりますところの原子核というような例をとって見ましても、そのことは直ちに判明するのであります。一九世紀の終りに近くフランスで放射能という新しい現象が見つけ出され、ラジウムが発見されたのでありますが、二〇世紀に入りましてから放射能に関係いたしまして、放射能の発現いたします根源でありますところの原子核の根本的研究ということは、イギリスにおきまして最も盛んに研究されたのであります。それが最近十数年に、特に戦争中から戦争後にわたりましては、原子核に関する研究の中心はアメリカに移りまして、次々と大きな研究設備が完成されて、重要な研究がなされつつあるということは皆さんのご承知のとおりであります。原子物理学という一つの部面を見てみましても、それは決してある一つの国によって、一人の学者によりまして完成されたものではなく、ヨーロッパ、アメリカはじめ諸国の極めて自然的な国際協力の結果として今日の隆盛を来したのであります。むしろ仮りにこれらの国々がまったく独立して研究を続けておったならば、到底今日とは比較にならないような低い段階に低迷しておったにちがいないのであります。

只今申しましたことは、主として原子物理学の実験的な研究方面であります。さらにそれらを基礎づけますところの理論物理学を見ますと、ドイツを中心といたします中欧の諸国——ドイツを中心としてデンマークとかオランダその他の国々が前世界大戦後十年ばかりの間に理論物理学の進歩に貢献いたしましたことは非常なものであります。さらに今次の大戦中、あるいは今日にかけまして、わが国も理論物理学の進歩に相当な貢献をしてまいりました。その他もちろんイギリスとかフランス、アメリカ等の諸国も貢献してきたのでありますが、これらは極めて自然的な、永年にわたる国際協力の結果であります。

戦争後わが国とアメリカとの関係が特に密接となりまして、わが国の科学者でアメリカに行く人がだんだん多くなって、中には相当期間アメリカに滞在して研究するという学者も出てまいりました。私自身もその一人であります。これは科学の普遍性からみて極めて自然なことであり、歓迎すべきことであると思うのであります。日本がいかにすれば世界の文化の進展により多く貢献することができるかという大勢から判断すべきことであります。むしろ私にとりまして残念に思われますことは、種々の事情のためにアメリカ以外の世界の多くの国々との科学者の交流がまだ十分に行われていないということであります。事情の許すかぎり、いろいろな国々と日本の科学者の交流が今後ますます盛んに行われますことを希望する次第であります。

科学の普遍性ということと密接に関係されますところの科学のもう一つの特徴は、何と申しましたらいいか、私は適当な言葉が見つからないのでございますが、仮りにこれを「中立性」と申すことができるかと思います。少くとも自然科学に関するかぎりはそういう特徴を見逃すことができない。この意味はどういうことかと申しますと、科学の見出しました真理は地球上のどの地域にも適用できるような普遍性をもっております。科学のそういう反面におきまして、それがどのような目的に使用されるかということにつきましては、科学は無頓着である——無頓着というのはすこしいいすぎかもしれませんが、少くとも使用目的を一つに限定するというような力を科学はもっておらない、少くとも自然科学はそういう力をもっておらないということであります。たとえば皆さんの念頭に直ちに浮ぶであろうと思われるところの原子力の問題というようなものを取ってみましても、原子力が平和産業の動力源として使用される、あるいは原子爆弾として使用されるということを決定する力は自然科学自身にはない。科学者が探究者として国際協力ということを望み、また世界の平和を非常に強く望んでいるということは疑ないのであります。それが自然的な本来的な傾向に相違ないのであります。それに相当するところの使用目的を制限するような力というものは、科学それ自身の中には残念ながらないのであります。

これが二〇世紀の不安、二〇世紀の恐怖といわれるところのものの根本的な原因の一つである、ということは心ある人々のすでに認識しておられるところのものであります。この意味におきまして科学というものは本来的な傾向として中立的であるといえるのであります。これと表裏一体になりまして、科学者は真理の探究がどのような特定の政治的な勢力によって阻害されたり、影響されたりしないということを強く望んでおるのであります。政治に用いぬということはすべての科学者にとって最も切実な要求であります。

しかしそのことは同時に、少くとも自然科学というものは、直接間接に政治というものに影響力をもっておるかもしれないけれども、少くとも現在の段階においては決定権を持ちえない。むしろそれが自然科学というものの本質的な性質ではないかと思うのであります。ところが、自然科学が、特に原子物理学が非常に進歩いたしました結果といたしまして、人類の今後の運命を左右するような影響力を持つ――それにもかかわらず、本来科学者自身の中に人類を将来恐るべき世界から回避すべき決定的な力を持ち合わしていない――こういうことが最も悲しむべきことであると私は思うのであります。

しかし科学というものを自然科学に限定せず、人文科学を含むすべての領域に拡張して、最も広い意味における科学というものを考えたならどうか、と申しますと、ここに科学というもののもう一つの特徴が問題とならざるをえない――少くとも現在の段階においては、もう一つの特徴が問題とならざるをえないのであります。それは科学の分化性、科学がいろいろに分れておるという傾向であります。

科学は主として分析的な方法を武器といたしまして進歩してきたのであります。したがって科学の進歩に伴って、科学はますます数多くの専門の分野に分れて、個々の科学者は何よりもある一つの専門分野における専門家であるのでなければ、科学の進歩に貢献することができないというような状態になっておるのであります。このことがまた一つの悲しむべき現象であります。個々の人間の能力というものは、これは限りがあります。知識はどんどんふえてゆき、一人の人間の力では背負いきれないほどの過去から蓄積された科学的な知識というもの、さらにその上に何ものかを附け加えようといたしますと、ある専門分野におきまして何ほどかの貢献をするということが先ず通常の能力をもった人間にとりましては精一杯で、それさえできない場合が多いのです。

しかしながら先程から申しておりますように、二〇世紀の不安というようなもの――今日の世界中の人々が自分たちの将来の運命というものを考えまして非常な危惧をもっておる――不安の念をもたざるをえないというようなことの一つの原因とは、科学が非常に進歩し専門化したにもかかわらず、それは結局専門的な科学知識の発達で、そこに何か重要な一つの足らないものがある。それは別の言葉で申しますと、個々の人間自体がすでに極めて複雑なものであります。それを人間というものを対象といたしまして、人間を誤りなく把握する、理解するということがすでに極めて困難なことでありまして、私の知るかぎりにおきましては、今日の自然科学、人文科学の発展状態におきましては、人間というものは科学的に十分よく理解されておるものとは思えないのであります。ましてそういう人間がたくさん集りました人間社会というようなもの、これはさらに一層複雑なものであります。またこれらの人間と自然的な世界――人間を含んでおりますところの自然的な世界との相互関係というようなものを全体的に誤りなく把握する――これは極めて困難であります。少くとも現在そういうことが十分できておるとはいわれないのであります。こういう点におきまして、今日の科学の進歩というものの方向に大きな欠陥が見出されるのであります。

このユネスコ活動のうちには特に社会科学に関連いたしまして、私が只今申上げましたような問題というものが国際的な協力のもとになされつつあるということは喜ぶべきことであります。われわれの専門意識とか、国籍というような制限を離れまして、人間自身あるいは人間社会、人間と自然との相互関係というようなものをもっと高い立場から客観し、そうして一日も早くどうすれば人間が全体として、人類が全体として幸福に暮してゆくことができるかという問題に対して、現在の科学にとってできるかぎりの正しい答を出す——これがユネスコに与えられた最も大きな使命の一つであろうと思うのであります。

（一九五三年一月号）

〔本稿は、一九五二年九月一六日、ユネスコ日本国内委員会成立記念会における講演の速記である〕

# 研究者としての人間

私どもは科学の発達した世界の中に生きている。そして今後も人類自身が絶滅しない限り、科学は更に進歩してゆくものと予想している。たとい一時的に進歩が止る時があったとしても、やがてふたたび進歩しつづけるであろうと期待している。過去をふりかえって見ても、少なくとも一七世紀以後の世界では、科学が一方むきに進んできた。今日の私どもは最早やそれを不思議とは思わない。むしろそれを時の流れの如く、逆転できないものと認めている。過去における焚書(ふんしょ)が一時的な効果しかなかったことをよく知っている。「何が故に人類は科学を発達させてゆかずにおられないのか」という問は、滅多に発せられない。そんな疑問を持つ必要のないほど当り前のことのように見えるからであろう。実際それはこの世界における人間の存在の仕方の一つの本質的特徴を示している。人間は自己の生きている世界、自己を含む世界について「ある程度わかっているると同時に、まだわからないことがある」という認識をもっている。これが人間と世界の間の静的な関係の一つの重要な特徴づけになっている。それと表裏して、人間が自己にわかっている領域をひろげ、わからない領域をだんだん向うに追いやってゆく努力を続けてゆくことが、人間と世界の間の動的な関係の一つの特徴づけになってくる。この動的な関係が具体化されて、科学の進歩になっているということができるであろう。

人間の存在の仕方には、まだ他の重要な特徴があるが、特に「研究者としての人間」にとっては、上記のような人間と世界の関係が最も本質的である。自然科学の研究者にとっては、「世界」は「自然」という対象となって定立される。それによって、既知と未知の限界はずっとはっきりしてくる。例えば物理学者にとっては、自然現象のどれだけが原理的にわかっており、どれだけがわかっていないかは相当はっきりしている。

人間に対する自然の一部が常に未知の領域として残っており、しかもそのような領域が科学の進歩に伴って漸次既知の領域に変ってゆくという事態を認める以上、人間のこの世界における存在の仕方には、本能的に不確定なもの、不安定なものがあることは否定できないことになる。二〇世紀における原子物理学の進歩は、このことを誰の目にも明らかになるほど劇的な形で示してくれた。それは研究者としての人間ばかりでなく、もっと一般に人間の存在の仕方に対して非常に深刻な影響を及ぼすことになったのである。原子核の分裂が連鎖反応にまで拡大進展させ得ることを人間が知って以後の、人間と自然の間の新しい関係は、人間と人間の間の関係、人間の集団と集団の間の関係を更新させずにはおかないことになったのである。現代の人間は不幸にしてまだ、このことを充分認識していないように見える。「科学の進歩が人間を幸福にするかどうか」という問には、「科学の進歩が人間を幸福にするようにお互いに努力しよう」という答しかないのである。

研究者としての人間は、常に未知の領域を既知の領域に変えようと努力する開拓者の性格をもち続けるであろう。しかしそれが、人間と世界の新しい関係についての認識と反省を伴わなければ、開拓の進歩が人間存在の本来的な不安定性を一層増大することにしかならないであろう。

（一九五四年八月号）

## 二つの道を一つに

科学者の一人として、また人類の一員として現代に生きる私の前には、二つの道が伸びている。一つは私たちの生きている世界に内在する真理探求の道であり、今一つはすでに見出された真理が、人類を破滅に追いこむのでなく、存続と繁栄へ向わせる道である。

二〇代から三〇代にかけて、理論物理学の研究に専念していた私の目には、第一の道しか見えなかった。私は何の疑いも持たずに、この道を歩みつづけて来た。原子爆弾の出現は、私にもう一つの道があることを気づかせた。ビキニの死の灰は、私にこの第二の道に足をふみだせと呼びかけた。しかし一人の人間が二つの道を同時に歩むことができようか。

真理探求の道だけを進んできた過去をふりかえって見ると、私の歩みは遅々としていた。進むにしたがって、道は険阻になってきた。素粒子の世界の謎は、三〇年前よりもむしろ深まってきたように感ぜられるのである。

もしもここで第一の道と第二の道の両方に二股をかけたら、どういうことになるであろうか。一つの道だけを歩んでいてさえ、大したことができないのに、両股をかけて果して何ができるだろうか。私より先に生まれてきた物理学者たちの多くは、第一の道を黙って歩みつづけた。私もそうしてはいけないだろうか。

私は何度も思い迷った。物理学とは一体何か。もっと一般に科学とは何か。科学の真理は個々の人間を超えたものである。人類をさえも超えることができるのである。この地球から人類が姿を消してしまうかも知れない遠い未来においても、科学の真理は依然としてそこで成立しているであろう。

そういう超人間的な真理を知り得るということ自身が、人間の人間たる所以(ゆえん)の一つではなかろうか。古代ギリシャ以来の科学の伝統の中には、そういう考え方が常に潜んでいたのではないか。そしてそれなればこそ、多くの物理学者は安んじて第一の道だけを歩み得たのではなかろうか。

しかし、もはやこういう考え方によって、私の心の中に生まれ、急速に成長しつつあった、もう一つの考え方を抑えつけてしまうことは不可能であった。もしも私が物理学者でなく、数学者になっていたら、第二の道について思い煩らうことはなかったかも知れない。しかし反対にもしも私が医学者になっていたら、どうであったろうか。

答えは極めて簡単である。医学者にとって超人間的な立場など本来あり得なかったのである。古代から今日にいたるまで、医学は学問であると同時に、常に仁術でもあったのである。基礎医学であろうと、臨床医学であろうと、公衆衛生学であろうと、人間の生命と健康を護るという使命をはなれることはなかったのである。過去において物理学は医学よりも数学にはるかに近い学問であった。

近代物理学の基礎を形づくったのは、ニュートンの〝自然哲学の数学的原理〟であった。今日も果たしてそうであろうか。

医学とちがって、物理学がそのまま仁術であるとはいえない。しかし、それが仁術の反対物となってしまってはいけないことは確かである。個々の人間の生命を助けるのに直接役立たないとしても、せめて多数の人間の生命を奪う手助けをすることだけは、是非ともさしひかえなければならない。近頃まで、そういう自明なことが、物理学者にとって余り問題にならなかったのは、何故だろうか。

その理由はいくつも考えられるが、その最も大きなものは、問題自身が明確な、そして決定的な形になっていなかったことである。一九二〇年代までの物理学その他の自然科学の発達の結果として、技術的に実現可能になったことの中には、相当多数の人間を殺傷できる武器の製造もふくまれていた。そういう武器の製造や使用の是非の判断は、必ずしも一義的ではなかった。個々の人間、あるいは人間の集団の持つ価値体系が何であるかによって、是非の判断は左右されてきたのである。

しかし現在の私たちの前には、問題は極めて明確な、そして決定的な形で提出されているのである。一九三〇年代以後の科学の発達の結果として、人類が自分たちの全体を破滅せしめることが可能になったのである。このような事態の中で、人間の思考と行動の是非を判断する基準は、ほとんど自明となったのである。

この基準をアインシュタインは「全体的破滅を避けるという目標は、他のあらゆる目標に優位しなければならない」という言葉で表現している。

この原則を認めるならば、現在から未来にわたる、この地球上の数多くの大問題に対して、如何に考えるべきか、如何に行動すべきかは、相当程度まではっきり決まってくるのである。そしてそれによって、科学者が二つの道にまたがって歩むことが、より容易になるのである。そして、より多くの科学者がそうすることによって、二つの道は段々と接近し、ついにあたかも一つの道を歩んでいるのと同様になることさえ期待できるのではなかろうか。

（一九六二年七月号）

# 科学者の創造性

　私どものように、科学の研究や教育に携わっておりますものは、年がら年じゅう、なにか独創的な仕事をしたいと思い、また、自分だけでなく、もっと若い人たちにも、なんとかして独創性あるいは創造性を発揮してもらいたい、それにはどうしたらよいか、ということばかり考えているわけです。しかし、科学者が独創性を発揮して立派な仕事をするということは、なかなかできることではないのでありまして、長い研究生活のなかで数えるほどしか、そういう機会に恵まれません。おなじ創造性の発揮といいましても大小さまざまありますから、ちょっとしたことまで数えれば、幾つかの成功をおさめられる場合がありますけれども、少し大きな仕事になりますと、一生に一度……、一度でもできたらいいのでありまして、二度そういうことに成功する人は、よほど偉い人でありますす。一ぺんもうまくいかないというのが、むしろ普通であります。

　仮に運よく一ぺんでも成功する、あるいは特に運がよくて二度目も成功したとしましても、その途中の長い期間には、いったい何をしていたのか。勉強していたのか、遊んでいたのか、休んでいたのか……、いずれにせよ、独創性を発現しなかった。これは学問にかぎりません。芸術であろうと技術方面であろうと、とにかく一生懸命やって何か独創性を発揮したいと思っていても、うまく発揮できることはめったにない。そうすると、そのほかの時間はぜんぶ無駄だったのかどうか。もちろん、そんなことはないのでありまして、五回や一〇回駄目であっても断念するというのではいけない。一〇〇回駄目でも、まだやってみなければいけないのであります。そういう失敗をかさねているうちに、いつか成功の機会が訪れるだろうと期待するしかない。

一人の研究者のキャリアといいますか、活動できる年数は、だいたい三〇年から四〇年ですね。そういう三〇年、四〇年の間に一度か二度成功するだけで十分である。結局は一度も大きな成功を収められなくても、努力しただけの意味は必ずどこかにあるのでして、成功しなかったから無意味だったということはないのであります。そのようなことについて――私は芸術とか技術方面のことはよくわかりませんので、あまりあやしげな想像をしてもしかたがありませんから、自分の専門に近いところに話を限って――科学者の創造性という問題についてお話したいと思います。

## 必要条件である執念深さ

いま申しましたように、研究というものは自分の能力が続くかぎりやりたい――いよいよ駄目とわかれば、やめたらいいのでありますが、なかなかそうは思いきれないのでありまして、まだ自分はやれると思いがちであります。幸い、私どものように大学におります者には、停年というものがあります。京都大学は、かつては停年が満六〇歳であったのが戦後六三歳になりました。六〇歳がいいか六三歳がいいかは人によるのでありますが、とにかく一応そういう停年なるものがありますから、停年までがんばってみて駄目なら思いきったらいい（笑声）。それでも思いきれない人は、大学におらなくても、自分でさらにがんばったらいいわけであります。

しかし、そのようなわれわれ学者のキャリアを考えてみますと、これは私の主観が非常に強く入っているのですが、要するに学問することそれ自身が執念です。執念深く、つまり、なにか執念にとりつかれてやっておる。それは、いやしくも学に志す人はみんな、それだけの執念をもっておったに違いないのでありますが、ただ、その執念がどのくらい強いか、どのくらい執念深いか、これは学者によって違う。しかし、執念深いから成功するとはかぎらない（笑声）。いくら執念深くても成功しない人もありますね。数学でよく使う言葉で申しますと、ある命題が成り立つための必要条件と十分条件というのがあります。執念深いということは確かに必要条件だと思います。しかし、十分条件でないことも確かです。

なぜそういう執念をもつのかということになると、わかりにくくなってくるのですが、さらによく考えてみますと、その人が自分自身のなかに非常に深刻な、内部的な矛盾をもっておるということと非常に関係があると思います。世の中には、普通の人もあり、偉い人もあり、あかん人もあり、いろいろありますが、非常に偉いと思われる人、変ってると思われる人とか、とびはなれたと思われるような人にも、いろいろタイプがあります。

大きく分けると、一つは聖者、聖人というタイプの人であります。もう悟りを開いているタイプですね。私は悟りは開いておりませんから、そういう聖者とか聖人のことはわかりませんが、そういう人は執念をもっていない。前にはもっていたかも知れないが、それは克服してしまっている。

それに対して、もう一つのタイプ——天才あるいは天才とまではいかなくても相当すぐれた才能をもっていて、自分の仕事に打ちこんでいる人は、それなりの悟りはあるかも知れないけれども、やはり、まだ執念が残っている。もう少し悪い言葉でいうと我執ですね。人間があまり立派になりますと、学問や芸術はできなくなるのではないかと思います。聖者とか聖人とは違うタイプの天才、あるいは天才に準ずるような人は、自分のなかにいつまでも深刻な矛盾を残しているようであります。ある一つの考えに執着しているけれども、しかし、それと反対の考えが自分のなかから抜けきらない。ああでもない、こうでもない、もっとほかのもののほうが良いのではないか、というように、信じたり迷ったりしながら、いつまでもやっているのが学者の仕事ですね。

もちろん一概にはいえませんが、私どもがやっているような理論物理、基礎物理の研究はそういうものです。ある学者がある説を強く主張している。いかにも、それを一〇〇％信じているように見える。しかし案外、本人の心のなかでは、それと反対の説が気になっている。そういうことが多いのではないでしょうか。優れた仕事をする人は、そういうものです。それだからこそ迫力があるのでしょう。自分のなかでまずたたかっておりますからね。自分で悟ってしまったらなにも論文を書く必要はない。論文を書くのは、他人が目あてのようにみえますが、それよりもまず、自分にいいきかせるためであります。

## 天才と奇人

とにかく、そういう矛盾が内部にありますと、それが何らかの形で外に現われる。その現われ方もいろいろありましょうが、特にそれが他の人には変に見える場合には、奇人だということになります。そういう奇妙なことをする人は天才だといわれる。しかし、天才と奇人とが一致するとは限らない。天才で奇人的に振舞う人もあるかもしれないけれども、奇人的に振舞う人、かならずしも天才ではない（笑声）。しかし人間というものは非常にたちの悪いものでありまして、他人が奇妙であることを喜ぶのですね（笑声）。だから、奇人が天才であることを非常に喜ぶ。奇人らしくない人が天才であったりすると、どうもおもしろくない。自分と方面の近い人ですと、価値評価が比較的正しくできますから、とんでもない買いかぶりはしませんが、知らない方面の人だと、ちょっと変っていると、これは偉いのかもしれないと思い、変ってない人は、これは天才でない、というように判断しやすい。しかし、創造性がほんとうに発揮されるかどうかは、むしろ、自分のなかにもっている矛盾が奥のほうにひそんでいる、そして、それだけ根強い、それをどうするかということと関係している。それが外にも現われて奇人的である場合と、外に現われなくても、外からみるといっこう変哲もなくみえることもあると思います。

いずれにしても矛盾ということと執念ということとは非常に関係があるわけですが、しかし、矛盾を含んでいるとか、ある一つのものに執着するとか、一口にいっても、その執着するところは、いろいろあるわけです。非常に高い理想、それが容易に達成できないような非常に大きな遠いものかもしれない。それを達成しようとする人は、仕事のスケールも大きくなり、大きな仕事を成就する可能性も出てくる。そのかわり、一生かかってもまとまったことはとうとう何もできなかった、という結果になる公算も非常に大きくなるわけです。そのような点が、一つ根本にあると思います。

## 記憶力、理解力、演繹論理的能力

創造性という問題は、いちばん正体のつかみにくい問題であります。これを外から歴史的、社会的にみることにも十分、意義がありましょうが、問題の性質上、内面に入ってみる、内面からみるのでなければ、本質はつかめないと思います。

ところで、執念深いとか、自分のなかに矛盾を含んでいるというようなことが重要だと申しましたが、もちろん、それだけではいけないのであります。創造的能力と一見、反対物のように見える能力に、記憶があります。実際、非常に記憶力がよく、したがって学校時代に成績がよかった人で学校を出てからは一向パッとしない、学者になっても独創的な仕事ができないという人が、たくさんあります。それから、また理解力といわれる能力があります。これも、しかし創造性と相反するように見える場合があります。ものわかりは非常によいが、独自の考えは持っていないというタイプの人を、たくさん見受けます。しかし、ある種類の記憶力と理解力とが、創造性を発揮するための土台として必要なことも明白であります。

一口に理解力といわれているものの中には、いろいろな要素がふくまれていますが、合理的な思考能力をその中でも重要なものと考えてもよいでしょう。それをさらに狭く考えますと、論理的、特に演繹論理的思考力ということになります。ある前提から出発して、理詰めで結論を出す。こうだからこうだ、という推論を積み重ねてゆく。これは創造性を発揮するための土台、あるいは道具として、たいへん大切なものでありますが、それだけでは足りないのであります。論理的な演繹能力だけなら、電子計算機の方がすぐれている。スピードもずっと速いし、途中で、疲れてしまって、間違えたり、やめてしまったりということも少ない。今日の電子計算機は記憶能力も持っている。人間にくらべると記憶の量という点で、計算機はまだ、はるかに劣っています。しかし、とにかく計算機は記憶力と論理的思考力とを持っています。しかし、私たちは電子計算機が、創造力を持っているとは思わないのであります。そんなら人間は、そのほかに、どんな能力を持っているのか。

## 類推

人間のいろいろな知能、頭の働かせ方のなかで、誰でもある程度そういう能力をもっておって、しかも創造的な働きと一番つながりがありそうに思われるのは、類推という働きであります。これはむかしからよくいわれていることでありまして、皆さんも、これから私の申しあげることをお聞きになれば、割合たやすくおわかりになると思います。

私たちが、ほかの人たちに、わかりにくいことをわからせようとする場合に、よく使うのは、誰でもが熟知していることにたとえて話すというやり方です。すでによくわかっていることと似ていると、むつかしいことでもわかったような気になる。話す当人には両方ともすでにわかっている。必要なのはむつかしい方によく似た、やさしい例を見つけることだけです。しかし、それだけならまだ本当の創造性の発現とまではいかない。ある人がやさしい例と似ていると思うことによって誰にもわからなかったむつかしいことを理解できたとしたなら、そこではじめて、本当に創造性が発現されたといえるでしょう。実際、古代の哲学の書物、たとえばギリシャや中国の古典を読みますと、盛んに「たとえ話」が出てきます。古代の思想家は実際、たとえ話によって、人にむつかしい思想を教えただけでなく、恐らく自分自身も、そういう類推によって、独創的な思想に到達し得たという場合も多いと思います。

今日でも、うまいたとえ話をしますと、ほんとうかな、と思わせる。他人に「ほんとうだ」と思いこませるためには、たとえ話というものはたいへん役に立つのでありますが、あとでよく考えてみますと、どうも、そのたとえ話につられて、おかしな結論にひっかかってしまったと気がつくこともあります。しかし、私の申したいのは、ひとに納得させるとか、あるいはひとを催眠術にかけたりするということではなくて、自分が何か新しいことを考えつく、わからないことをわかろうとするときに、「類推」が今日でも相当、役に立つかということであります。

## 模型による類推

一口に類推といっても、いろいろな場合がありますが、物理学などに関係して、一番わかりやすい例は、「模型」による類推であります。二〇世紀の初め頃、原子の構造がまだよくわかっておらなかった時代に、原子模型をいろいろな人が考えだしました。イギリスのJ・J・トムソン（Thomson）という人が一つの模型を考えだしました。これには、ちょっといいところもありましたが、結局、正しい考え方ではないということがわかりました。それから間もなく長岡半太郎先生がまた違う模型を考えだし、大分たってからラザフォード（Rutherford）の原子模型も出て、結局はそれが一番真実に近いということになりました。

そこでラザフォードの模型だけについて申しますと、われわれは太陽系がどんなものか知っている。太陽のまわりを地球やその他の惑星が楕円軌道を描いている有様を、われわれは想い浮かべたり、絵にかいたり、実際に立体的な模型をつくったりできる。いずれにしても太陽系は、直観的に明確に把握できている。ここでは文字どおりの模型ができている。つまり、太陽系自身は非常に大きいのですが、それをうんと小さくして、図にかいたり頭の中で想い浮かべたりする。それから逆にスケールをうんと大きくしていきさえすれば、もとの太陽系を再現することができる。こういうことは、昔からわかっていた。そこで、こんどは反対に、人間的スケールの模型をさらにずっと縮小していったものが原子だとする。もちろん、その場合、太陽のかわりに原子核、惑星のかわりに電子をもってこなければならないが、とにかく、そういう入れかえをやり、スケールを小さくしたものがそのまま原子だと思う。そう思えば、原子を直接に見たわけではないけれども、見てきたような話ができる。そして、それを手がかりとして、原子の振舞いについて、いろいろな結論を、割合たやすく引き出すことができる。それらの結論が実際とよく合うとわかれば、その模型がよかったことになります。

そんなわけで、模型を使って考えてみることはたいへん便利でありますが、これは類推の一種であります。しかし、この場合たいへん大切なのは、類推はあくまで類推だということであります。二つの違った事物の両方に共通する点を利用するのが類推でありますから、二つの間の違いが、どこにあるか、ありそうかという、逆の面からの考察が同時に必要なのであります。それをもう少し具体的にして、模型による推論の場合について説明します。太陽系の場合には、文字どおり模型がつくれます。スケールさえ大きくすれば、模型はそのまま本物と一致すると考えてよいでしょう。もちろん、この場合でも木材や金属でつくった太陽や惑星と、本物とはスケールの差以外にも、いろいろと違っていますが、それらの相互の位置や運動だけを比較する限り、そういう違いを問題にする必要はない。とにかく太陽や惑星の位置や運動も模型と同様に、観測してきめられるのですから、本物と模型は同列においてよい。ところが原子の場合は、その点が非常に違う。模型の方は目に見えるが、原子の方は見えない。見えるものと見えないものが、同じような運動をしているかどうかさえ問題であった。実際、原子の中の電子が、太陽系の中の惑星と全く同じ運動をしていると考えると、いろいろ困ることがわかってきた。そこでボーア（Bohr）が目に見える物の運動の場合にはなかった新しい制限条件――プランク（Planck）の発見した量子論の考え方を適用することによって出てくる制限条件――を持ちこみ、新しい原子模型をつくった。その結果、いろいろな原子の性質が非常によく理解できるようになったのであります。

こういう例でもわかりますように、類似性と同時に本質的に違っている点を探りあてることによって、別の段階に飛躍することができる。しかしその場合、そういう飛躍のための跳躍台としても、類推や模型が大いに役に立つのであります。私自身も中間子論を生み出す最初の段階で、それまでよく知られておった電磁気的な力との類推によって、当時まだ正体の全くわからなかった核力の本質をつかむことを考えたのです。その場合、両者は似ていると同時に、違った点もあるべきことは初めから予想していました。このように類推という思考過程は、古い、よく知られたものを手がかりとして、それと似た、しかし異質的なところもある新しいものを発見したり、理解したりするのに役立つのであります。

## 電子計算機における類推

そんなら類推の能力を電子計算機のような機械にあたえることによって、創造的活動をさせることができるであろうかと考えてみますと、原理的には不可能とはいえませんが、実際は、なかなか難しいのです。誰でもすぐ思いあたるのは、現に存在するアナログ計算機でありましょう。計算機には大きく分けて、ディジタル計算機とアナログ計算機の二種類がありますが、近ごろの大きな計算機は、ほとんどすべてディジタル式であります。先ほど記憶力と演繹的推理力を持っていると申しましたのは、ディジタル式の電子計算機のことでありました。つまり人間の頭の働きの一部を代行し、しかも人間より速く、そして間違いなくやってくれるわけです。ところが、人間は目や耳を持っております。科学が進むのに伴って、そういう感覚器官の役割りを機械に代行させたり、補強したりするようになりました。特にいろいろな物理量を正確に測定するための精密機械が発達してきました。そこで今度は数の計算のプロセスを物理量の測定のプロセスと置きかえることによって、計算問題を解こうとする試みが出てまいりました。特に微分方程式を解くという問題になりますと、もしも、それと同種の微分方程式にしたがう電気回路をつくることができたならば、後者について電流や電圧などを測定することによって、元の微分方程式の解が得られるわけで、ディジタル式の場合のように、加減乗除を非常に多数回くりかえす必要がなくなります。

大ざっぱにいって、こういう類似性を利用して機械に問題を解かせるのがアナログ式であります。ちょっと考えると、人間の持っている類推の能力を機械に持たせたように見えます。しかし実は、そこに本質的な違いがあります。人間の場合に、類推の能力が創造的な働きをするのは、「類似に気がつく」ということが核心となり、出発点となるからであります。アナログ計算機の場合には、それをつくった人間が、類似性を知っており、それを利用しただけであります。機械自身が類似性を見つけ出したのではありません。

## 直観と人間の顔

そこで、もう一度、人間の持つ類推の能力について考えて見ますと、それは明らかに「直観」といわれるものと密接な関係を持っています。よくわからないものを理解するために、それと似ているだろうと思われる、もっとよくわかったものを持ってくる。よくわかったものというのは多くの場合、それについての直観的なイメージを私たちがすでに持っているものなのであります。原子を理解するために持ってきた太陽系については、私たちはすでに、はっきりと直観的に把握することができていたのであります。直観的に把握するということは、各部分をばらばらなものとしてではなく、全体として、あるまとまりを持ったものとして摑むことであります。三つの直線を別々のものでなく、端と端のつながった一つの図形と認めることによって、三角形のイメージができる。もっと複雑な図形についても、それがある図形として認識されるのは、人間の持つ直観の能力によるといってもよいでしょう。

そういう「図形認識」にかけては、人間の能力は驚くべき発達をとげています。機械に、この能力を真似させることは非常に困難であります。もっともいちじるしいのは、人間が他の人間を見わける能力でありましょう。群集の中に自分のよく知っている顔が見えると、瞬間的にそれと気づきます。これは誰でもが持つ能力ですが、恐るべき能力であります。特に、ある人の顔を覚えておこうと意識的に努力しなくても、何度か会っている間に、その人のイメージが私の記憶の中にできあがってしまっている。そして次に出会った時には、大勢の群集の中でも一瞬にして見わけることができるようになっている。人間の頭の中ではいったい、何事が起っているのであろうか。こういう疑問に対しては、まだ誰も満足な答えをあたえてくれないのであります。人の顔を見わけるというのは、高度の総合判断であります。

これについて私は、次のような素人考えを持っています。その人の顔の輪郭、顔の部分の形、表情、顔色など、いろいろな要素の全体として、他の人の顔と確かに区別できる、ユニークなイメージが頭の中にできあがっている。それはそうに違いないが、さてそんなら、その人の顔のディテールまで覚えているかというと、そうもいえない。特徴のある顔は覚えやすく、また見わけやすいということがあるのを見ても、ディテールを全部覚えているのでなく、むしろ、他の部分は軽視もしくは無視して、いくつかの重要な特徴だけ、はっきりと覚えているのではないかと思われる。人間は頭の中で、そういうことを、ほとんど無意識的にやっているのではなかろうか。つまり、無駄なものを捨てて、重要なものだけ拾いあげるという活動が頭の中で始終、行なわれているのではなかろうか。そう考えると、総合的判断を行なう準備として、感覚としてあたえられる豊富な内容を持つ全体の中から必要な要素だけを、いくつか取りだす抽象の能力が、直観の働きの裏で活躍しているのを無視できなくなる。抽象化の働きが、実は直観と表裏一体の関係にあることになる。そうなると、人間の創造的思考という問題も、直観と抽象化の協力関係という面から眺めるのが、一つの有力な解決法になるのではなかろうか。私はこの数年来、こんなことをしきりに考えているのであります。

## 抽象化、一般化

そこで今後は、抽象化という働きについて、もう少し立ち入ってみましょう。人間の抽象化の働きと一番密接に関係しているのは数学であります。小学校で2×2＝4、あるいは2＋2＝4であることを習います。それらが正しいことは、子供でも直観的に知ることができます。そして直観的に自明だから真理だということになります。だんだんと大きな数になりますと、二つの数の和や積がいくらになるか、直観的に把握することが困難になります。そういう場合には、小さな数の和や積について、わかっている知識を積みかさねて――つまり定められた仕方で、そういう知識をくりかえして使うことによって――大きな数に関する正しい知識を獲得せねばならなくなります。ところで、数を数として扱うということ自身が、そもそも抽象化の結果であります。コップを一つ二つ三つと数える時には、コップについてのあらゆる複雑な知識は捨ててしまって、ただ、それらが同じコップだという点だけを認めて数える。人間について一人二人と数える場合も同じです。いったん、数を扱うことにしてしまうと、それがコップの数であるか人の数であるかさえも問題でなくなる。物や人から離れて、数の間の関係を一般的に考えればよいことになります。このようにして、抽象化は一般化を結果することにもなります。これが、抽象化、一般化ということであります。

同じ数学の中でも、幾何学は算数以上に直観をたよりにしておりますが、特に中学校で習うのは平面幾何学であり、紙の上に書けるし、われわれが直観的にそれを把握しやすいわけです。しかし、三次元の幾何学、つまり、空間の幾何学、あるいは立体幾何学になりますと、図を書くのもずっと難しくなります。直観的に把握するには、陰になっているところは点線で書いたり、いろいろと苦心しなければならないが、とにかく奥行きのある世界のイメージをはっきりと想い浮べることができます。ところが、さらに進んで、四次元空間の幾何学を考えようとする、あるいはもっと一般に、n次元空間の幾何学まで考えようとすると、もはや直観はきかない。

しかし、それでも直観のきく二次元や三次元の場合を土台にして、それを抽象化、一般化して、多次元空間の幾何学をつくってゆくことができる。これも、一種の類推だと見ることもできますが、こういう意味の抽象化、一般化は、数学に限らず、数学をふんだんに利用している物理学でも、さかんに行なわれております。

今日の理論物理学では、抽象化、一般化が極度まで進んでいる。直観がほとんどきかなくなってしまっている。これは行き過ぎだろうということを、私は、折りにふれていっているのです。特に若い人たちに対しては強くいっているのです。出発点には何か直観的なイメージがあったが、それをだんだん一般化、抽象化してゆく。その結果として、最初のイメージは捨てられて、ある抽象的な形式だけが残る。残ったものだけをいじくりまわしていても、本当に新しいものは出てこない。話がますます形式的になり、非常に空虚な感じのものになってしまう。それに対応する物理的なもの――つまり自分の生きている世界のもろもろのもの――とのつながりがだんだん稀薄になってゆく。形式だけが宙に浮いてしまった感じになる。この頃の抽象化ばかりをやっている理論は――これは私がいったのではなく、若い人の一人が自分でそういったのですが――いわば骨皮理論ではないか。骨と皮はあるが、いっこう肉づけがない。そうなると、おもしろくない。しかし、これを非常におもしろいと思う人もたくさんあるのですから、世の中はさまざまです。初めからそれをやっている人は、それが非常におもしろいと思っている。人間は何に執着するかわかりません。初めから抽象化されたものに執着すると、それがとてつもなくおもしろく見えるのかもしれません。しかし、私などには骨と皮ばかりに見える。

## パラドックス的な直観と抽象

むかし、一休という和尚さんが、お正月に頭蓋骨をかついで歩いて、この世の無常を悟らせようとした。人間は、きれいな女の人も偉い人も、みんな骸骨が肉をつけ、皮をかぶったものにすぎないというわけです。実際、X線を透して見れば骸骨だけしか見えない。しかし、骸骨が人間の本質だというわけにはいかない。人間の本質は骸骨ではないことは確かです。一休和尚も、骸骨でない人間精神の真面目を悟らせようとした。物理学も骸骨だけになってはつまらない。だから私は、骨皮理論は賛成ではありません。抽象化、一般化というプロセスだけが一方的に進行して、骨と皮だけになってしまっては困る。直観の裏で抽象が働いていたように、抽象の働きの裏で、全体をまとめて把握する直観の働きがないといけないと思います。それが、いつかは効能を発揮して、新しい段階への飛躍が実現し、新しい物質観、自然観ができあがることを期待しているのであります。

その場合、しかし、抽象化の進行に伴って、直観の方も進化する必要があります。たとえばアインシュタイン(Einstein)が相対性理論を唱えて間もなく、ミンコフスキー(Minkowski)という数学者が、それは四次元世界——ミンコフスキーの四次元空間——を考えると非常に明瞭に表現できることを示しました。元来、四次元空間は抽象的なものでしたが、今では私たちはミンコフスキーの四次元空間に非常に親しみを持っている。ミンコフスキーの空間の中で、物理現象を直観的に把握することができるようになっている。人間の直観は、このように進化してゆくわけです。このようなプロセスも同時にあるわけですから、直観と抽象の関係は非常にパラドックス的であります。抽象化、一般化してゆくと、具体的なものからどんどん遠ざかってゆく一方のようでありますが、頭の方が変わって時間がたつと、そういうものがまた具象性を帯びてくるということもあるわけであります。われわれの知能が子供のときからだんだん発達してゆく場合にも、そういうことがあるわけです。また、そういう変わり方は、人によって相当違っているでありましょう。

現代の数学は私たち物理学者からみると、極度に抽象化されているように見えますが、数学者自身はそうは思ってないようです。私たちからみると抽象的すぎるようなものが、数学者には案外、具体的なものとして把握されているらしく思われます。だから、抽象化、一般化を、一概に骨皮とか骸骨といってやっつけてしまっても、しようがない。しかし、私が申したいことは、そういうものだけでは創造的な働きにはならない。はじめから抽象的なものを、さらに一層、抽象化、一般化するだけでなく、その上に、なにか、新しいものを生み出す源泉あるいは契機となるものをつけくわえることが、必要です。そういう源泉や契機はどこに見出すべきか。過去の天才は自分で、この点をどう考えていたのか。その一つのいちじるしい例について話したいと思います。

## 天才的物理学者の輩出した一七世紀

自然科学、特に物理学関係に話を限って申しましても、過去において、創造的才能を発揮した人が数えきれないほどあるのですが、しかし、物理学の歴史をたどってみますと、どの時代でも同じように偉い天才がぽつぽつと現われたのではなく、ある時期に割合かたまっているのです。近世以後で、それが非常に明らかにわかるのは、二つの時期でありまして、一つは一七世紀です。一七世紀には、ガリレイ（Galilei）、ケプラー（Kepler）、ニュートン（Newton）、ホイヘンス（Huyghens）というような大学者が次々と出ました。これは天才群の輩出した第一の時代です。科学史の専門の方々は、この時代を科学革命の時代と呼んでおられ、非常に詳しく研究なさっておりますので、ここで詳しくお話する必要はないと思います。

もう一つ天才がたくさん現われたのは、一九世紀の終りから二〇世紀の初めです。プランク（Planck）、アインシュタインというようなところから始まりまして、物理学の二度目の革命が起ったのです。それにひきつづいて、一九二〇年代にもう一つの山があった。つまり量子力学の建設という大きな成功があり、これと関係して、数多くの天才的な物理学者が世に出たのであります。

なぜそのようにかたまるかということは、議論しだすときりがない。いろいろな側面から検討してみなければなりませんので、今日はそういう話はやめておきます。ここでは、ただ前のほうの、科学史学者が科学革命の時代といっている一七世紀、そこに天才といわれる人がたくさん現われたなかで、特にデカルト（Descartes）に焦点をしぼって話したいと思います。

## デカルト的明晰

デカルトについて、私のように物理をやってきたものが、どのような印象をもっていたかと申しますと、解析幾何を発明した人で、たいへん偉い数学者だったらしい。それより、もっとよく知られているのは、“Cogito, ergo sum.（われ思う、故にわれあり）〟という言葉です。これが近世哲学の始まりだといわれています。それにくらべて、物理のほうはたいしたことはなかったらしい。

物理の教科書にはあまり出てこない。デカルトの屈折の法則というのは、どうも説明のしかたがよろしくない。哲学、数学では偉いが、物理となるとそれほどでもなかったのじゃないか、というのが、以前に私の持っていたデカルトのイメージでした。実際、今日でも、ガリレイ、ホイヘンス、ニュートンなどと比べられるような、大物理学者とは受け取られていないようであります。しかし、実際に科学史家が詳しく検討したところによりますと、ガリレイからニュートンに至るまでに、相当の年月があるのですが、その間をつないでいる人として、デカルトが大きな役割を果しているのです。私はデカルトが好きなのですが、好き嫌いは別として、彼をとりあげたのは次のような理由からです。科学者の創造性について考えるとき、今日まで創造的な仕事をした人はたくさんありますが、その創造的な仕事はどのようにしてなされるか、われわれの創造的働きはどういうものか、どのようにすれば創造的でありうるかということを自分で反省し、その観察を後世に残した人は、ほとんどないのです。デカルトは、そういうことを自分で考えた点でも非常に貴重な存在です。デカルト自身、非常に偉い学者です。だんだんと調べてみると、われわれは先入観をもっておったことがわかります。非常にスケールの大きな人でありまして、哲学、数学、物理学、天文宇宙、それから生物へと、彼の関心の範囲は非常に広かった。単に手広くというのではなくて、年齢とともに興味の対象がだんだんに変っていった。若いときは数学の才能をあらわし、また物理でも相当の才能をみせ、それから宇宙の進化論、やがて生物の進化論というようにだんだんと変っていったのでありますが、しかし、それは、デカルトという人が自律的にそのように発展すべくして発展したように思われるのであります。

それは、自分の生きている宇宙を理解したいということ、単に〝コギト・エルゴ・スム〟だけではない。〝われ思う、故にわれあり〟というところが出発点であるかもしれませんが、結局、自己もふくめて、この世界全体を理解したいということで、ある時期にはさかんに動物の解剖もやったようであります。しかし、サジを投げた。あの頃の段階では、生物学も含めて、まとまった宇宙観、自然観、物質観はできないというので、サジを投げたのであります。もし、彼が現代に生まれてきたならば、生物物理などに大いに興味をもって、ほんとうのことや、ほんとうでないことを大胆にいってのけるに違いないと思います。そのように、彼は自分自身が非常に創造的才能をもっており、それを発揮したと同時に、どうすればそのようにできるかということを考え、またそういうことを書き残している人であります。

フランス人はよく〝デカルト的明晰〟ということをいいますが、そういわれても、フランス人には明晰にわかるかもしれませんが、私どもにはいったいデカルト的明晰というのは何か、なかなかはっきりと摑めない。デカルトは、非常に合理主義的な人であるということになっております。ところが、デカルトの書いたものを読んでみますと、直観を非常に重んじております。つまり、合理主義と直観主義が本来一つのものだということをよく知っておった人なのですね。人間の創造的な働きの本質を、よくつかんでおった人だと思うのです。この点は他の機会に書いたこともありますので、ここではちょっとだけ説明して、私の話を終りたいと思います。

## デカルト的方法

デカルトにはいろいろな書物がありますが、私は哲学者でもないし、また難しい哲学書を時間をかけて読む暇もありませんので、なるべく早く読んでしまえる本で、なにかためになるものと思って探したところが、『精神指導の規則』という薄い本が見つかりました。これに非常にいいことが書いてあります。われわれ科学者のために、修身のような、道徳教育の教科書のようなことが書いてあります。この本には精神を正しく導くための規則が二〇ほど並んでいて、その一つ一つのあとに、説明がついています。

規則一は、「研究の目的は、現われ出るすべての事物について、確固たる真実なる判断を下すように精神を導くことでなければならない」となっています。全く当り前のことのようですが、研究者が自分で自分の精神を導く。精神が、あらぬほうに行ってしまいやすい。常に自分の精神を自律的に正しい方向に向けよというのです。意識以前のことを意識的に考えよというわけで、何でもないことではありません。

規則二は、「確実で疑うことのできない認識を精神が獲得し得ると思われるような対象のみに携わるべきである」となっています。真理をそこから獲得し得るような相手を選んで研究しなさいというのでありますが、これにもなかなか意味があります。まずわかったところを、もっとよくわからせろというのであります。

規則三は、「示された対象について明晰且つ明白に直観し、または確実に演繹し得るものを求むべきである。」これがデカルト流の精神指導術の極意であります。これは要するに、明白に直観し、または確実に演繹するという、何でもないことを二つ並べて書いてあるように見えますが、そのあとに、いろいろと書いてあるところから考えあわせますと、私が、先ほどから申していることの核心をついていることがわかります。つまり、三段論法などというものは、初めからわかっていることを、もったいぶっていい直すにすぎない。直観的に把握できているからこそ、それを三段論法の形に直せる。そういうことをデカルトは、ずばりといっています。

「多くの事物は、たとえそれ自身明白でなくてもいちいちの事物を明瞭に直観しつつ進む思惟の連続的な、中断されない運動によって、真実の既知の諸原理から演繹されたならば、それが確実であるということが知られるようになる」ともいっています。いわれてみれば当り前のようだが、やはりおもしろいと思うことが、たくさん書いてあります。例えば、先ほどの規則三のあとにこういうことが書いてあるのです。たいへん教訓的だと思いますが、まず2＋2＝3＋1というようなことを直観すべしというのです。われわれは、子供のときにはそういうことを直観したのでしょうが、まずそういうところから始めろというのです。そこがはっきりわかれば、それが足がかりになって次へ進める。

ですから、デカルト流の自分自身の精神を導くというやり方を絵にかいてみると、直観を一つの円とすると、その円が幾つも重なって、連環のようにずーっとつながってゆく。それを裏をかえせば演繹論理になっているということだと思います。ふつう、演繹論理は非常に形式的に捉えられておりますが、デカルト自身は今いったような捉え方をしている。そのようにして、自ら精神を導いてゆくべきだと考えたのであります。このように考えますと、合理主義とか直観主義というのは、デカルトでは本来一つのものであります。デカルト的明晰というものの本質は、やはりそこにあるだろうと思います。しかし、先ほど申しました「類推」の働きなども、そう違ったものではないことになります。しかし、デカルト的な方法は、現代の物理学の段階では、そのままでは適用できません。

## デカルト的方法と今日

どういう点が現代的でないかと申しますと、一つ非常にはっきりしておりますことは、最初に自明な、疑いようのないもの、直観的に非常に明白なものから出発せよ、というところです。現代物理学は今世紀の初めの革命によって、そういう段階を超えてしまったのです。その点は、ポアンカレー（Poincaré）などが早くからはっきりいっているのであります。物理学の原理は絶対的な真理というようなものでなくて、いつも仮説的な性格をもっております。そういうものは自明である場合もあるし自明でない場合もあります。できるだけ直観的に明瞭に把握しなければならない、という点では、デカルトの考えは、今でも正しいでありましょうが、直観的に明瞭でほんとうらしいものがいろいろあり得て、しかも、それらが互いに矛盾している場合が出てくる。そのどれが正しいかということは、それからのいろいろな推論――デカルト流にいうならば、直観の連環をずーっと進めていって、実際の自然現象とつながるところにきて、そこでうまくつながらなければ、それはアウトということにするほかはない。すると、また別の直観から出直さなければならない。

初めにあるものは、ただ一つときまっていて、それは自明なものと思ってよかったのは、一七世紀の古典物理学の時代の話です。非常にへんなものから出発しなければならない、ということを二〇世紀になってわれわれは教えられたのであります。しかし、今日といえども、デカルトの書物から、創造性などと関連して教えられるところが多いのであります。つまり、論理というものは直観の連環だという考え方ですね。そういうことが非常にはっきりと表現されている。ただし、どのようにして直観と直観がつながるか、あるいは、つながるだけでなしに、直観自身がどうして進化していくか、というような点までは、デカルトも考えなかったようです。

時間も超過しましたから、このへんでやめますが、創造性という問題にはいろいろな面から近づき方があり、たまたま私は理論物理をやっておりますので、それと関係の深い側面だけを申しました。これから先の機械文明のより一層進んだ世の中では創造性はあまり重要なものでない、誰も彼もが、みんな同じようなことを考えるようになってしまうだろう、というように悲観的に考えておられる方もたくさんあるかと思いますが、しかし機械文明が進んでゆけばゆくほど、そういうなかで、人間はどうすればさらに創造性を発揮できるか、より一層真剣に自分で考えなければならない、と私は思います。デカルトは、すでに三〇〇年も前に、自ら、自分の精神を導くことを考えた。現代のわれわれは、自分を導くどころか、外からの要因によって年がら年じゅう引きずりまわされており、またそのことさえも知らずにいる。甚だあわれな状況にあるのではないか。そういうあわれな状況から脱却するには、デカルトを思い出していただくのもたいへんいいのではないかと思って、彼の話をつけくわえた次第であります（拍手）。

〔本文は一九六四年五月四日、名古屋ＣＢＣホールにおいて行なわれた中部日本放送主催、日本科学史学会後援の講演会の講演速記を全面的に加筆訂正したものである〕

（一九六四年一〇月号）

# 物理学者群像　変革期に生きる

いまから六年前のきょう、やはりこの記念講演を依頼されまして、そのときはちょうど朝永振一郎さんがノーベル賞をもらわれることになったすぐあとでしたので「仁科先生と朝永さんと私」という題で、仁科芳雄先生と朝永さんの関係、それから私と朝永さん、仁科先生との関係という、三角関係みたいなことをお話しいたしました。

科学者、たとえば物理学者であっても、そうでなくても、人間の一生にとりまして非常に大事な人間関係というものがあるわけです。学者同士でありますと、まあ先輩後輩、あるいは友人、いろいろなかかわりがありますけれども、いずれの場合にいたしましても、ただ学問的なつき合いということだけではなくて、人間としての接触から受ける影響も重要ですね。だいたいは年下の者が年上の者から影響を受ける。その逆もあるわけでありますけれど、それは少ない。私にせよ、朝永さんにせよ、仁科先生から非常に大きな影響を受けてきたわけであります。

きょうはもう少し話をひろげまして、仁科先生、朝永さん、私などという身近な関係だけではなくして、もう少し広く国際的に考えまして、二〇世紀の物理学をつくりあげた――二〇世紀はまだ続いているわけでありますし、まだまだこれからもいろいろな学術上の大きな仕事がなされてゆくに違いないわけでありますけれども、とくに二〇世紀のはじめの何十年か、つまり二〇世紀の比較的初期の物理学者というのは、非常に大きな変革の時代であっただけでなく、いろいろと個性のはっきりした学者がたくさんかたまって出てまいりました。そういう人たちについて、いちいち申し上げておりますとキリがないわけでありますが、私が自分勝手に何人か拾いあげてみようと思います。そして、またそういう人たちの間のお互いの関係というようなものを少しお話ししてみたいと思うのです。

## 1　正直な自伝を書いたプランク

どこから話を始めてもよろしいわけですが、やり出せばえんえんと、二日でも三日でも話はできるわけですので、とにかくまずマックス・プランク（Max Planck,1858～1947）という先生から始めるのがいちばん適当だと思うんです。皆さんの中には知っておられる方が多いと思いますけれども、二〇世紀の物理学というのはマックス・プランクがちょうど一九〇〇年に量子論を打出したところから始まったんだということになってております。まことにそのとおりであると思いますので、まず、この先生のことを少しお話ししましょう。

と申しますのは、非常に簡単なものでありますけれども、彼が晩年に書いた『科学的自伝』というものがあるんですが、これが非常におもしろいんです。どこがおもしろいかと申しますと、ほかの学者があまり書かないような、自分についての正直な話を書いているところです。

だいたいは学者にしましても、学者以外の人にしましても、ほかの人が伝記を書きますと、たいていは書かれた人を尊敬し、崇拝している人が書きますから、いいことずくめみたいになりやすい。また自分で書きましても、常識的・無意識的に自分を飾ることになりますね。私もかつて自伝らしきものを書きましたが、いまにして思いますと――いや、その当時もそう思っておったんですけれども（笑い）、やはり自分というものを意識的・無意識的にいろいろ飾り立てているわけですね。ところが、このプランクの自伝というのは非常に淡々と書いているけれども、自分じゃ言いにくいことを言っているわけです。その点が、ほかの科学者の伝記や自伝とは非常に違うんです。そこで、そういうところから話を始めたいと思うんです。

彼は北ドイツのキールで生まれた。父はキール大学の教授で、家庭環境はよかった。その後、ミュンヘンに一家が移ったので、ミュンヘン大学に入り、さらにベルリン大学に入学した。そこでは当時のドイツ、あるいは世界の物理学界を代表する学者であるヘルムホルツ（Hermann von Helmholtz, 1821～1894）やキルヒホッフ（Gustav Kirchhoff, 1824～1887）の講義を聞いた。ところが、プランクは自伝の中でどっちも自分には有益じゃなかった、と言っている。それはどうしてか。ヘルムホルツはあまりよく準備をしてこない。そこで、ときどきつまる。データを書きこんである小さいノートブックを出してみたりして、講義がすらすらと進まない、黒板でいろいろ計算しだすと、非常によく間違える。そこで聴講する学生がだんだん減ってゆき、しまいには三人になってしまった。自分もその一人だったというわけです。私も大学で講義するようになって、ときどきこの話を思い出す。講義するほうの身になりますと、ヘルムホルツの話は実にいいですね（笑い）。

ところが、キルヒホッフという先生は正反対であります。非常に講義が見事で、水ももらさぬ講義です。あまりきっちりとした話をされるので、まるで――これはプランクのことばですが――記憶された教科書という感じがする。非常に単調で、これもおもしろくない。だから、自分で勉強するようになった。たいへんいいことが書いてあるわけです。彼はそういう大学生活を送っておったわけであります。

彼は自分が量子論を言い出したわけでありますけれども、それがどんどん進んでいきまして、彼が思っていたのとは違ったものになっていくわけです。彼ははじめからしまいまで、大学に入る以前から、何か絶対的に正しいものをたえず求めてきたのだ。さらにまた、自分たちの生きているこの世界、外界というものは、自分が勝手にどう思ってみたところでどうにもならない絶対的存在だ――プランクはそういうふうな意識が非常に強いんですね。後になりますけれども、彼の講演を見ましてもそういうことがたびたび言われているわけです。何か非常に普遍的な、絶対的な原理を求める。そういう傾向がとくに強かったんですね。それで彼は、いちばん初めに何に興味を持ったかというと、エネルギー保存の原理です。それについては、また後に話が出てきますが、プランクが勉強を始めたころというのは、熱力学が今日のようなきちっとした形に、まだなっておらなかった。エネルギーの保存の原理というのは、熱力学では第一法則になっている。彼は次に熱力学の第二法則に関する研究をミュンヘン大学に学位論文として出したんです。

それは、無事パスはしたんですけれども、学界ではだれも問題にしなかった。ヘルムホルツはたぶん読んでくれなかっただろう。キルヒホッフは読んだけれども、だめだといった。もともとプランクは、この論文で**クラウジウス**（Rudolf Clausius, 1822～1888）という、ヘルムホルツと同年代の物理学者の研究を受けついで、熱現象の非可逆性に、より明確な定義をあたえようとしたのです。そして、クラウジウスに手紙を書いたけれども、返事してくれない。こういうことは、よくあるんです。だれだれ先生に手紙を書いても返事がこない。会いに家まで行ったけれども会えなかった。こういうことも、よくあることです。その後、プランクはこの方面の研究をさらに進めたが、アメリカにギッブス（Willard Gibbs, 1839〜1903）という、プランクよりは少し先輩の学者で、熱力学、統計力学の大家がいて、同じような仕事を少し前にやりとげていたことがわかって、プランクはがっかりする。そういうことがあったりして、彼はミュンヘン大学で教授の地位につくまでに何年も待たねばならなかった。なかなかそのチャンスは来なかった。というのは、今日は当り前になってる理論物理学だけやる教授の席がなかったからです。

## 2　懸賞論文の当選——しあわせな日

そのころプランクはまだ二〇歳代であった。年代にすると一九世紀の終りごろの話であります。当時はまだ理論物理というのは、それで一つの独立した専門分科——英語で申しますと discipline で、日本語には適切な訳語はありませんが、まあ専門分科といったらいいでしょう——とは認められておらなかった。むしろ、プランクとか、彼の少し先輩のボルツマン（Ludwig Boltzmann, 1844〜1906）などが、純粋の理論物理学者として認められた最初の人たちではないかと思います。

もう少し前のヘルムホルツとなると、非常にえらい物理学者であり、理論物理学者でもありますけれども、しかし、彼は何でもやっています。数学もやれば生理学までやっておる。ものすごく幅が広い人です。ところが、プランクは、理論物理学者としての自分の一生をずっと貫き通したわけです。そういう大先輩があったから、私にしても、朝永振一郎さんにしても、なくなった坂田昌一さんにしても、まあ理論物理学を専業として、ずっとやってこられたわけであります。あまり肩身の狭い思いをせずに、理論物理学者である、専門は理論物理学である、といってすますことができたのは、非常なしあわせですが、それにはプランクなどがある意味では犠牲になっているわけです（笑い）。

ただし、数学者というのは昔からあった。そして、その延長線上に数理物理学者というようなイメージもあった。しかし、それは一九世紀後半のドイツで認められた理論物理学者というイメージとは少し違いますね。どう違うかを立ち入って議論するのはやめますが、とにかく、そういう状況であったがゆえに、プランクという人は自分の存在を認められたいと強く思った。彼の自伝には、このへんからだんだんと、ほかの学者が言わないことが出てくるわけでありますが、科学の研究において名声を博しようとする欲求がますます強くなり、そういう欲求に導かれて、ゲッチンゲン大学の懸賞論文に応募した、と彼は告白する。

どうもこのころには、ほかの国もそうであったのかもしれませんが、ドイツの大学では盛んに懸賞論文というのを募集したようですね。それで一等賞をもらいますと、それは非常な名誉であるだけでなく地位が得られるということもあったようです。私も数年前、日本で懸賞論文というのはどうかと若い人にきいてみましたけれども、若い人はあまり乗り気でありませんでしたので、いまだにそのままになっております。この仁科財団はいろいろなことをやっておられ、研究奨励金を出しておられますが、懸賞論文が現代にふさわしいものであるかどうか、私にはよくわかりません。

それはともかくとして、今から一〇〇年ほど前のドイツでは非常に盛んに行なわれておった。そこでプランクは「エネルギーの保存則」という論文を書いて応募したら、それが通った。そのおかげでキール大学の理論物理学の助教授といいますか、そういうポジションを得た。この日は自分の一生でしあわせな日の一つだったと書いている。きわめて正直な告白だと思います。

自分は両親の家があって、両親はたいへんにいいから、それはそれで幸福であったけれども、しかしもうぼつぼつ独立したいと思っておった。だから、たいへんうれしかった。キール大学からそういう申し出があったのは、自分の科学的な業績に対する報酬であると思いたいわけで、その時は、そう信じていた。しかし、もう少しあとになって事情がわかってみると、それもあったかもしれんけれども、それよりもむしろキール大学の物理の教授が、自分の父の親友だったことが大いに関係しておったらしい。そういうことが後になってわかった、と書いております。

プランクは二〇世紀の物理学の生みの親となったえらい学者であります。しかし、一口に学者がえらいといいましても、えらさにはいろいろあるんですね。**アインシュタイン**（Albert Einstein, 1879～1955）のような人が、最も天才らしい天才ですね。それにくらべて、プランクという人は最も天才らしくないが、やっぱり天才でしょうね。アインシュタインも非常に立派な人柄の人でありましたが、プランクという人は、人間としても、またちょっと違う意味で非常に立派だと思います。何よりも真理、真実に対して忠実な人だった。自分についての、こういう正直な記述は、ほかの学者の書いたものにはほとんど見られない。おそらく学者以外のほかの世界でも、こういう自伝はほとんどないのじゃないでしょうか。彼は九〇歳近くまで生きたわけですが、この自伝は晩年に書かれたんだと思います。しかし、私など、まだなかなかこういう調子で書く心境にはなれないように思います。

## 3　古典主義とラジカルな考えと

以上は、主としてプランクと先輩の学者の間の学問的、あるいは人間関係の叙述だったわけですが、その後、プランクは待望のベルリン大学の教授となり、四〇歳を越して量子論を提唱する。それが二〇世紀の物理学全体に決定的な影響を及ぼすわけですが、プランク自身は弟子がたくさんあったという人ではない。一口にいって、真面目で高潔な人でありまして、学問的真理に対して、忠実であっただけでなく、他の学者・友人との人間関係にも、終始変わらぬ誠実さがあった。後輩の学者の仕事の価値は素直に認めた。アインシュタインやシュレーディンガー（Erwin Schrödinger, 1887～1961）をベルリン大学へ招ぶのにたいへん骨を折った。

私はちょうど大学に入る少し前、旧制高校の三年生になった時、ドイツ語が読めるのが得意になっていた矢先に、プランクの物理学の教科書『物理学序説』を本屋で見つけ、第一巻の力学から読みだしてみますと、表現がたいへん明確であり、これこそほんとうに物理学の本質を書いた本であるという感じがして、いっぺんに、この本といっしょにプランクという人も好きになったわけであります。好きになったのには、まあドイツ語がよくわかったのでうれしかった、そういう気持も手伝っておったわけです。

プランクは長い一生を通じて、自分の考え方をあまり変えなかった人ですね。これは皮肉な話で、彼の量子論がきっかけになって、物理学自身は大きく変化していった。相対性原理が出てくる、量子力学が出てくる、その他いろいろありまして、目まぐるしく変わってゆくんですが、彼自身は一生あまり変わらなかったように思われます。つまり、彼より後に出てきた物理学者たちの新しい考え方とくらべると、非常に保守的というべき考え方を持ち続けた。そういう一種の古典主義を通そうとする人が、ある時期に最もラジカルな考え方を唱えることになった。これは実に不思議なことでありますけれども、まま、こういうことが物理の歴史の中にはある。それが歴史のおもしろさでもある。また、そういう大学者の中には、若いときとは、ちょうど反対の立場になるという人があります。

どうして、そうなるかと申しますと、物理学の歴史は、二〇世紀になってからは非常に進歩が急速でありましたから、一人の学者の一生の間に、物理学自身の様子がすっかり変わってしまう。その人が若いときに考えておったことが、そのままでは通用しなくなる。ところが、年とってきてから考え方を大きく変えるのはむつかしいから、若い時と同じ考えを通そうとするが、物理学のほうが非常に変わっているので、いろいろチグハグなことになる。あるいはまた、はじめに非常に急進的な考え方を出したとみえた人が、あとになると逆に保守的になったりする場合もある。さらにまた、ある時期には保守的とみえていた考え方が新しく復活してきたりする。まあ、いろいろな場合があって、一口には片づけられないわけです。

先ほど申しましたように、プランクという人は、世界の学界における地位にくらべると、お弟子さんがあまりにも少ない。これも不思議ですが、アインシュタインにもあまりお弟子さんがなかった。この二人はまた、自分で、一人で勉強した、いわば独学の人でもあった。だから、ほかの人たちも勝手に勉強したらよい、と思ったのじゃないか。とにかく、二〇世紀のいちばんはじめに出てきた二人の大学者は、そういう人たちだったわけです。

その少し後になりますと、また非常に違うタイプの大学者が出てくるのです。つまり、非常に多くの若い優秀な学者を自分の近くへ集め、そういう人たちに大きな影響を与える。それが全体として物理学の進歩に非常に貢献する。こういうタイプの学者が出てくる。その代表的な例は**ニールス・ボーア**（Niels Bohr, 1885～1962）ですね。それからもう一人、**マックス・ボルン**（Max Born, 1882～1970）という人がある。ボーアについては、仁科先生はコペンハーゲンの彼の研究所に長くおられ、彼の影響を非常に深く受けられたし、そのほかにも、日本の物理学者でボーアの研究所におられた人がいくたりもある。そんなわけで、ボーアのことは日本でもわりあいよく知られておりますので、もう一人のボルンというひとについて、きょうは少し詳しくお話ししてみたいと思うんです。

## 4　自称ディレッタント——ボルン

マックス・ボルンという人はアインシュタインのちょっと後輩で、プランクよりは二十何年もあとに生まれてきた人であります。一九七〇年の一月に亡くなりましたが、プランクと同じくらい長生きしたわけです。『論語』に〝仁者はいのち長し〟という言葉がありますが、この二人の学者には、ピッタリのように思います。

ボルンはいろいろな本を出しておりますけれども、わりあい近ごろに出た『自分の人生と自分の考え』という本の中に簡単な自伝が入ってまして、そこにたいへんおもしろいことがいろいろ書いてあります。多少プランクと似ておりますが、また非常に違うところもあります。ボルンはブレスラウで生まれまして、お父さんはブレスラウの大学で解剖学を教えていた。同僚には有名なエールリッヒもいた。家庭環境はプランクと似てますね。自分ははじめ天文学が好きだったと彼は書いてます。子どものときにお星さまを見て、天文学にあこがれるというのはよくあることですね。しかし、当時、まだ天体物理というのはあまり盛んでなかった。それで、大学で講義など聞いても、いろいろな惑星の位置を決定するためのめんどうくさい計算の話ばっかりで、いやになった。だいたい理論物理をやるような人々には、そういう傾向がある（笑い）。横着というか無精というか、読んでると私には、そういうところばかり記憶に残るのであります。

当時のドイツの大学生は、いくつもの大学を渡り歩くのが普通だったが、彼もほかの大学からゲッチンゲン大学のほうに移ることになった。それは数学が好きになっていたからで、ゲッチンゲン大学の数学教室には、当時、つまり二〇世紀のはじめごろ、三人の予言者といわれる人たちがおった。三人というのは、フェリックス・クライン（Felix Klein, 1849～1925）、ダヴィド・ヒルベルト（David Hilbert, 1862～1943）、それからもう一人がヘルマン・ミンコフスキー（Hermann Minkowski, 1864～1909）、これはみんな非常にえらい数学者です。ボルンは、この中のヒルベルトの助手ということになった。ただし助手といっても、非常に私的な助手、秘書みたいなものだったようです。日本流にいいますと、内弟子みたいなものじゃないかと思うんです。こういう経験を持ったことがたいへんよかった。大数学者たちがいろいろ話し合っている。それを聞いていて非常によかった。しかし、この中でクラインとはどうも自分はあまりウマが合わなかった、と彼は述懐している。そういうことはあるわけですね。人間関係というのは、非常にうまくウマが合ったり合わなかったり。

ところが、この大学でも懸賞論文の募集があって、クラインが、これに応募したらどうだという。彼ははじめ断ったんだそうです。クラインというのは大ボスで、ものすごい勢力のあった人だったので、彼の命令に反するわけにいかん。とうとう受諾して論文を書いた。そうしたところが、うまく懸賞に当選した。この辺もプランクの話と実によく似ているのであります。ところが、クラインはその論文を評価してくれなかった。そういうことがあったわけですね。

その懸賞論文というのは匿名で出すんです。名前を書いて出して、もしもえこひいきがあってはいかんというので、匿名で出す。先生に教えてもらうわけにもいかない。だから、自分の力で問題を解いた。それが自分に大きな喜びを与えた。そういう経験を持ってたいへんよかった、ということを書いている。

それはよくわかるのですが、そのあと、私にはどうもよくわからないことが書いてある。ボルンは自分が何かの専門家になるというのはいやだ、自分の興味と関心の中心になっている問題についてさえも、ディレッタントであろうとした、と書いてる。これは逆説的な表現なのか、素直に言うているのか、ちょっとわかりにくい。というのは、ボルンという人は非常に教科書というか、参考書というか、あるいは入門書というか、そういうものを、いくつも書いています。

たとえば彼は少し後になりまして、アインシュタインと親しくなるようになり、彼の一般相対論の話を聞いて、その構想があまりにも雄大なので、自分はすっかり打たれてしまった。そして、それを専門として研究するのをやめよう、もうやってもあかんと思った。そのかわり、当時まだ相対性理論をよく理解してない人、反対する人がたくさんあったから、相対性理論を擁護するためにひとつよくわかる本を書いてみようというわけで、相対論に関する本を書いたと言ってます。実際、この本は非常にわかりやすい。今では、ずいぶん古い本なわけですが、私は今でも相対論の参考書の中では、彼の本がいちばんいいと思っております。しかし、これが彼のディレッタントであるということとどう対応しているのかよくわからないんです。むしろ私自身は、大学へ入ってまもなく、彼の『原子力学の諸問題』という本を読み、学問に対する情熱を大いにかきたてられたのであった。

それから、もう一つ、こういうことも言っています。今日の科学のやり方であるところの、いろいろ専門家がチームをつくって研究するというのは、自分にはどうも適しない、というのです。まあ彼ぐらいの年齢の学者が一人前になるということは、ひとりひとりが独立して、単独の論文を発表することだった。実験をやる場合でも、せいぜい二人か三人でやっておった。先生と、助手が一人か二人手助けをしていてやるという程度であった。理論物理であれば一人でやっているというのがふつうだったわけです。ですから、何人かが一つのチームをつくってやるなんていうのは大分あとの話ですね。それが、ボルンが適しないと思ったとしても、別に不思議じゃない。むしろ、後になると、ボルン自身がゲッチンゲンで有力なグループをつくるようになったのと矛盾してるように思える。

しかし、それだけではないので、彼は非常に哲学的傾向が強い。プランク以上に哲学的傾向の強い人で、個々の科学よりも科学の哲学的背景に、いつもより多くの関心をもっていた。そういうこともいっているわけです。

## 5　古典音楽と共鳴した理論物理学

それから、彼はいろいろな経験を語っていますが、その中に音楽に関する話がある。私たち日本人の伝統の中にあまりなかったもの、少なくとも武士の社会の中にほとんどなかったものとして、音楽というものがある。ドイツとオーストリア、それから周辺の国を含めて非常にすぐれた音楽家を輩出していますが、そういう地域から、特に一九世紀以後、非常に多くのすぐれた理論物理学者も出ているわけです。その中には、音楽愛好家が非常に多い。そして、自分で何かやる。まあアインシュタインはヴァイオリンを弾くし、プランク、ボルン、ハイゼンベルクなどはピアノをやる。これは明治以後の日本の知識階級の伝統の中にはあまりなかった。それは江戸時代の武士階級の伝統が尾を引いているわけで、公家、農民、商人などの間では、必ずしもそうでなかった。

こういうことが、どういう意味をもっているか、よくわかりません。別にむつかしく考えなくてもいいことでありますけれども、たとえば私自身の小さいときのことを考えてみますと、だいたい私の父親は明治初年に生まれた人物で、別にさむらいじゃありませんが、さむらいの気風が残っていた。さむらいが信奉しておったのは儒教、といっても、とくに朱子学というのがふつうですが、その中には、音楽の占める場所はない。書画は尊重されたが、音楽はいやしめられていた。

ずっと大昔はそうじゃなかったわけですね。儒教も礼楽を重く見ていた。後になるほど、中国でも詩文や書画などに対する音楽の比重が軽くなっていった。ことに日本に来ましてからは、音楽は要するに音曲であって、奨励すべきものでないと思われてきた。明治以後、洋学が入って様子が変わってきた。私の若いころにラジオが普及しだしまして、私の家庭にもラジオがあった。当時、音楽番組がむろんあったわけです。私の父親は、ラジオの音楽が聞こえてきたらすぐ消してしまう。ところが、同じ音楽でも謡曲だけはよろしい（笑い）。音楽性が非常に稀薄だからいいというよりも、むしろ謡曲というのは江戸時代のさむらいに許された、唯一の音楽だったからだと思います。当時の私は、謡曲には興味ありませんでしたし、小学唱歌など以外に音楽を聞く機会が少なかった。そういう家風でありましたから、いまになっても西洋音楽というものが本当にわかってはいない。これは私の盲点の一つですね。

そういう文化というものはなかなか変わらないで、あとへどんどん尾を引いていくものであるように思われますが、しかし、そうとは言い切れない。戦後になってからの日本の若い人たちを見ておりますと、非常に自然に西洋音楽が身についている。われわれの時代の人の中にも、そういう人はありましたが、それは少数だった。今や若い日本人の古典音楽をふくめての西洋音楽に対するセンス、聞く耳というか鑑賞する力というか、また自分で演奏し作曲する力を見ましても、別にほかの国に劣っておらないように思われます。そういう変化がいつのまにか起っている。背が高くなっただけじゃない。話が脇道に入ってしまいましたが、元へ戻って物理学と音楽の関係ですが、ドイツやオーストリアほどに古典音楽の発展しなかった西欧諸国、たとえばイギリスからも、すぐれた物理学者がたくさん出ていますから、私は西洋音楽にあまりつよくないことを、別にハンディキャップとは思っていません。そんなことにかかわりなく、私は私なりの物理をやればよいと思っているわけです。

それはそれとして、先ほど申しましたドイツやオーストリアの物理学者にとっては、古典音楽が単なるリクリエーションではなくて、彼らが、物理学を探求する気持と何か共鳴するところのものがあったんじゃないかとも思われます。

さて、ボルンは一九二一年にまたゲッチンゲン大学に戻ってくるんです。一九二一年というと、皆さんの大多数にとっては大昔でありますけれども、私のような年輩のものには決して大昔ではないのであります。このころ私は中学生だったが、ボルンはゲッチンゲン大学の理論物理の教授になったわけであります。ところが、最初に彼の助手になったのが、**ハイゼンベルク**（Werner Heisenberg, 1901〜1976）と**パウリ**（Wolfgang Pauli, 1900〜1958）であった。まあ、これ以上優秀な助手というのは考えられない。そういう人たちといっしょに、当時のいわゆる前期量子論なるものの検討、あるいは改善を目ざす試みをやりだしたわけですね。

そうこうするうちに一九二五年になりまして、ハイゼンベルクが有名な量子力学の最初の論文を書くということになるわけですね。そうなるまでには、ニールス・ボーアの影響が決定的に働いている、とハイゼンベルク自身は言ってますが、それはともかく、マックス・ボルンはハイゼンベルクの論文に出てくる奇妙な代数が、それまで物理学ではなじみのうすかったマトリックスの代数であるということを発見しました。それで、たちまちハイゼンベルクとヨルダン（Pascual Jordan, 1902～1980）と三人で、マトリックス力学という形での量子力学をつくりあげた。そういうことができたというのは、ボルンが若い時におったゲッチンゲンの大学に、先ほど申しました大数学者たちがおって、そこで、数学に関する最も良質の知識を摂取することができた。とくにヒルベルトの助手だったのが非常によかった、とボルンも言っています。

## 6 大器晩成型の理論物理学者

それから、まもなく、シュレーディンガーの波動力学が出てくるわけですが、彼はボルンなどとあまり違わない年輩の人です。先ほどからの話に出てくる人たちは、みな非常に大きな仕事をしているけれども、その中には大器晩成型の人が半分ほどある。マックス・プランクが量子論を提唱したのは四〇歳を越してからですし、ボルンがほかの若い二人といっしょに量子力学をつくりあげたのも、やはり四〇歳を越してからですね。シュレーディンガーも、一八八七年の生まれでありますから、当時すでに四〇歳に近かった。私は、なぜそういう例ばかりあげてきたかといいますと、ふつうには数学とか理論物理学とかでは、二〇歳代でないと非常に独創的な新しい発見はできない、と言われています。事実、そういう事例は非常にたくさんあります。しかし、そういう人たちばかりではない、ということを皆さんに知っていただきたいと思ったからです。例外も決して少なくはない。大器晩成ということが理論物理学にもあるわけですね。

これは、ちょっと余談になりますけれども、ボルンとシュレーディンガーとは、私の大学生時代に、それぞれ大きな影響を与えた人たちなのです。前にちょっとふれたボルンの『原子力学の諸問題』という本では、彼らのマトリックス力学に現われている、ミクロの現象の非連続性が非常に強調されていた。私は、これを読んで、これこそ新しい物理学の特質であり、この方向に徹すべきだと思った。ところが、それから間もなく、シュレーディンガーの『波動力学論文集』を読みますと、反対に波動一元論という形の連続論が強く主張されている。その時は、なるほどそうかと思った。シュレーディンガーという人の文章は、読む人を説得しなければやまない迫力をもっている。もっときついことばを使えば、読者を折伏しようとする。気迫で圧倒しようとする。後になって彼の書いたいろいろな書物を読むと、多かれ少なかれ、そういう感じを受ける。

ところで、波動力学一元論そのものは工合悪いことが、まもなくわかってきた。それを、最初にはっきり示したのはボルンだったわけです。そこでボルンは、波動力学そのものを実体と考える代りに、波動関数の絶対値の二乗が粒子の存在の確率を表現してる。したがって、波動関数自身は確率振幅というべきものであるという、いわゆる量子力学の確率解釈なるものをボルンが言いだした。そのあとハイゼンベルクの不確定性関係とか、ニールス・ボーアの相補性の概念とかが出てくる。

それから、次にこういうことを書いている。私の身につまされる話ですが、そのころ、つまり一九二五年の終りから一九二六年の初めにかけて、彼はアメリカのMIT（マサチューセッツ工科大学）に講義に行った。そのときの講義がもとになってできたのが、先ほどから何度も引き合いに出してる『原子力学の諸問題』という本ですが、アメリカから帰ってくるころには、彼は国際的に有名になっていて、ゲッチンゲンには、ドイツはもちろんのこと、いろいろな国からも非常にたくさんの物理学者が集まってきた。それで、大学で講義をした後、夕方になると自分の家に若い連中がやってくる。ところが、当時、自分は四〇歳代のなかばに達しておった。そういう若い連中を相手にしているというのはものすごくしんどかった――そういう述懐をしてる。それは、今も昔も変わらない。大学で若い連中を相手にするだけですまないで、家に帰ってからもまた押しかけてきてディスカッションなどをやっている。ものすごくしんどいのが、私にも目に見えてわかる（笑い）。しかし、彼はまじめで善意にみちた人でありますから、そういうのを相手にいろいろ指導もしただろうが、それよりも指導どころじゃなくて、話をいろいろ理解しようと努力した。あまり一生けんめいになったので、神経がまいってしまった。それで病気になってしまった。彼は実に尊敬すべき人ですね。

そういうことがありまして、やがてヒットラーの時代がくるわけです。彼はユダヤ人です。プランクはユダヤ人じゃないんですが、ボルンはアインシュタインやシュレーディンガーと同じようにユダヤ人です。

## 7　ユダヤ人科学者

私ども日本人には、ユダヤ人でない西洋人とユダヤ人と、どこが違うのかよくわからない。それがかえっていいので、私はそういうことにかかわりなく、ヨーロッパやアメリカの学者とつき合いしてまいりました。何となく違いがあるようにも思うが、それも統計的な平均の話で、たとえばマックス・ボルンという人など、特に平均から大きくはずれているように思います。その理由はおいおいお話ししたいと思います。

ヒットラーの時代がきまして、彼はユダヤ人であるという理由でドイツから出なきゃならん。それでいろいろ苦労したあげく、エディンバラ大学に落着いたわけです。そのころ、私もエディンバラに行きまして、ボルンに会いました。これが初対面ですけれども、非常に親近感がもてた。ユダヤ人の中には非常にえらい学者がたくさんいるわけなんですが、ふつう言われておりますのは、ユダヤ人というのは、何か一つのことにものすごく執念を持って、どこまでも頑張るということですね。私たち日本人から見ると、西洋人一般にそういう傾向が強いように感じられますけれども、その西洋人から見ても、ユダヤ人のほうがそういう傾向がもっと強いと感じられるらしい。

ところが、ボルンという人は、わりあいにあっさりした人ですね。非常に気持がやさしい。何となく日本人に近いように思う。先ごろ『日本人とユダヤ人』という本が出ました。私は読んでいません(笑い)。ベストセラーは読まないという私の主義に忠実であろうとしたからです。しかし、読まなくても、人がこういうことが書いてあると教えてくれる。それによると、要するに日本人とユダヤ人が非常に対照的に違うということが書いてあるらしい。しかし、一口にユダヤ人といいましても、非常にいろいろなヴァラエティがある。たとえばドイツで育った人、あるいはハンガリーで育ってきた人では違うでしょう。どういう社会の中で育ってきたかということで、ずいぶん違うでしょうね。それを一律に簡単に片づけるのは無理でしょう。

多分、日本人のほうがもっと一様性が強いとは思いますが、それでも簡単にこうだ、と割り切れませんね。日本人は単一民族だと申しますけれども、その中にずいぶん、いろいろな人がいますね。平均から相当ずれた人がたくさんいる。そうであるから面白いので、みんな同じだったら、こんなにつまらないことはない。私は人間というのは全部変わってると思います。ただし、困ったことに、人に迷惑をかけるような変わり方が人の目につく。人に迷惑をかけんようにしている人は、どこが変わっているのかよくわからん。そこで、前者のほうが評判になる。本当はみなどこか変わっている。すべての点で平均値に一致する確率は、決して大きくないわけです。そういう人こそ珍しい人かもしれません（笑い）。

ただ、日本では変わっているのはいいことではないという通念があるらしい。そういう考え方をする人のほうが多数派らしいですね。それが、すなわち日本人の特徴の重要な一つかもしれない。しかし、すべての人がそうだといわれると困る。そういうことを言うてると、それがまた一つの日本人論になる。私が日本人論には興味がないと言ってること自体が、日本人論に参加してることになる。自縄自縛ですね。いずれにせよ、日本人は一様でないということと関連して、日本人とユダヤ人とは必ずしも対照的とは言えないという感じが私にはある。たとえばアインシュタインは、あるときこういうことを言っています。これはシュヴァイツァーにも通じる話ですが、ユダヤ人というのは、本来、生きとし生けるものの生命を尊重するという考えが総じて非常に強いのだ、と。

また、こういう意見がはたしてユダヤ人の大多数に適用できるかどうか、私にはわかりません。しかし、ボルンという人には確かにそれを強く感じますね。人間とほかの生物の間の断絶よりも連続性のほうを強く感じる。それは私たち日本人には共感しやすい。

## 8　クレバーよりもワイズを——晩年に想う

話がまた変わりますが、ボルンとアインシュタインの間の論争というのがあります。これと似た論争が、ボーアとアインシュタインの間でも、もう少し後に行なわれました。どちらも量子力学の物理的、あるいは哲学的解釈に関するものです。ボルンはアインシュタインを非常に尊敬している。そういう論争は大いにやるが、それだからといって、自分たちの友情には少しも変わりはなかった、といっています。これはなかなかむつかしいことですね。ことに私たち日本人は、学問的な論争には慣れておりません。風土といいますか、文化といいますか、習慣といいますか、ディシプリンというか、とにかく、そういう伝統を持っておりませんので、学問的な論争がとかく感情的になってしまいやすい。そしてあとまで、そのしこりが残って、たいへんまずいことになる。それは大いに反省すべきことです。

そもそも論争をやるというのは、もちろん真理を求める気持が強いからですが、それと同時に自己主張の強さの問題がある。私はずいぶん、いろいろな国の学者に接してきたが、東洋・西洋を問わず、日本以外の国の学者の自己主張は、平均的に見て、日本の学者よりはるかに強い。特に西洋流の対話というのは、イエスとノーのやりとりで終始する。私たちは、むしろ相手に正面から反対するのを、できるだけ避けようとする。できるだけ賛成しようと努める。それが対話ですね。私は子どもの時に、人と一生けんめいになって論争したりもしたが、その後そういうことが、だんだん好きじゃなくなってきた。まあわかる人にはわかる（笑い）。そのうちにわかってくるだろう。自分の考えているのが少数意見であるほうが楽しい。いつまでも多数意見にならなかったらさみしいけれども、いずれまあなるだろう。

どこまでも徹底的に自己主張をする、という気持はないですね。そういうのは学者としてだめなんじゃないかと、大いに自己批判する人もあるが、私はそうは思わない。私はわりあい自信過剰な人間で、人がわからんでもかまへん、わからんほうがおもしろい（笑い）。こっちが一生けんめいに考えたことが、いっぺんでわかってしまうようなら、大した考えでもなかったということになる。そういう気持をいつでも持っているんで、人に対して不親切になる。もうちょっと丁寧に説明したらわかるのに、といわれる。これは生まれつきでもある。昔から、朝永さんからよく言われたんですが、どうも湯川さんの話は漠然としている、と。まさにそのとおりです（笑い）、自分でもそう思う。フランスのド・ブロイ（Louis de Broglie, 1892～1987）は論争を好まない人で、国際会議にも出てこないが、その気持はわかりますね。

さて、ボルンは一九五三年にエディンバラ大学を定年退職いたしましてドイツに戻ってきた。自分の好きなゲッチンゲン郊外のバッド・ピアモント――バッドというのは温泉か冷泉か知りませんけれども、そういう静かなところへ引っ込んだ。そういうところへ落着くと、人間というのは自分の専門以外のいろいろなことを考えるようになるんですね。大学では忙しくしていたのが、少し暇になり、年もとってくる。そこで彼は何を考えたかというと、アインシュタインと非常に似ておりまして、やはり平和の問題です。核時代の中での平和の問題を非常に深刻に考えた。そして考えれば考えるほど悲観的になってきたんですね。そもそも科学の進歩ということは喜ぶべきことかどうか、ということまで非常に深刻に考えるようになってきた。私なども同じように考えますね。

それで、彼は昔をふり返ってみると、先ほど申しましたように、ゲッチンゲンではハイゼンベルク、パウリというような優秀な助手がおって、その後、引き続いて優秀な若い学者がたくさん集まった。それを列挙すると、フェルミ（Enrico Fermi, 1901～1954）やオッペンハイマー（Robert Oppenheimer, 1904～1967）やテラー（Edward Teller, 1908～2003）などを含めて、有名な学者のたいへんなリストになるわけですね。そういう人たちは、非常に優秀な連中であった。しかし、彼らが自分のところにきたのは、まだ純粋科学が存在しておった時代だ。それらの人はみんな非常にクレバーだった。それは私にとって満足すべきことであったはずである。しかし、私は彼らがそれほどクレバー、そんなに利口でなくてもいいから、もっと本当にワイズ、もっと知恵を持っておってくれたらどんなによかったかと思う、というようなことを言っているわけです。それは原爆を開発したオッペンハイマーなどや、さらにもっと強く水爆を開発したテラーに対して言っていることなのです。しかし、そういう人たちが若い時、自分のところで勉強していたことを考えると、自分にも責任があるのじゃないか、そう思うと悲観的になる、というようなことを言っているわけであります。

## 9　特色ある三つの学派

ボルンの話がだいぶ長くなりましたが、彼は一九七〇年一月に亡くなりました。亡くなった直後に、ハイゼンベルクが追悼の演説をしております。その中で、次のようなことを言っております。

当時、というのは量子力学ができる直前ですが、三つの学派というべきものがあった。一つはミュンヘン学派で、ゾンマーフェルト（Arnold Sommerfeld, 1868～1951）という人がそのリーダーです。次はゲッチンゲン学派で、リーダーはボルン、もう一つはコペンハーゲン学派で、リーダーはボーアです。
ミュンヘン学派のほうはどういう考え方であったかというと、プランクから始まりまして、ボーア、それを少し一般化した、日本で前期量子論といわれるものが存在していたが、その線の上をずっと進んでいけば、ちゃんとした理論ができるだろうという考え方です。

ところが、ゲッチンゲン学派のリーダーであるボルンは、将来の理論というのは、そういう線の延長上にあるものとは本質的に違うものであろうと思っていた。その点では、コペンハーゲン学派と比べても、より一層革新的だった。ボーアのほうはニュートン力学をまず一応考える。それに量子条件というもの、それからもう一つ振動数条件をつけ加える。ところが、ニュートン力学と、後の二つの条件は矛盾している。しかし、この矛盾をできるだけニュートン力学に密接しながら解決しよう。つまり対応原理というのを手がかりにして着実に進んでゆこう——これがボーアの姿勢だったが、ボルンのほうは何かまったく新しい理論を発見しなければならない、という気持が強かった。

ボーアはイギリス的なプラグマチズムの伝統を身につけていた。だから一足飛びに別のところへ行くべきだという意識は、ボルンほど強くなかった。それと、ゲッチンゲン学派の成功したのは、ボルンに非常にすぐれた数学的な知識があったからである。これは先ほど申しましたように、ゲッチンゲンというのは非常にえらい数学者の輩出したところであったからだ。そういうようなことをハイゼンベルクは言っています。

実は一九六七年にハイゼンベルクが日本に来た時に、私は彼といろいろな話をいたしました。ハイゼンベルクは、現代の物理学というのは、素粒子論が頂点でありますけれども、全体として量子力学の成立以後、デモクリトス的でなくてプラトン的な性格が強くなってきた、と盛んに言うのです。その意味について詳しく説明していると長くなりますからやめますが、つまり素朴実在論的な観点からうんと離れてしまって、非常に数学的、抽象的、シンボル的になった。とくに素粒子論になると、それがますますはなはだしい。それは、まさにプラトン的なものである。数学的な簡潔さがほとんど唯一の目安になる、非常に抽象的なものになるほかない。そういうことを盛んに言うわけです。

それはそれとしまして、なぜ彼は盛んにプラトンを引き合いに出すのか、私の勝手な推察を申しますと、彼はみずからプラトンに擬しているところがあるんじゃないかと思う。そして、彼の先生のボーアをソクラテスに擬しているのではないか。ボーアという人は非常にソクラテス的な人なんですね。ソクラテスというのはどういう人であったか。いろいろな人が彼のところへ自分の考えを述べにくる。ソクラテスはいろいろ質問する。その質問にきた人は、はじめはわかっているつもりであったが、質問されて答えに困っているうちに、とうとう自分が何もわかっていなかったというのがわかって、すごすごと引きさがる（笑い）。そのうちには、あとでまた考え直す人もあったでしょうが、多くの人から憎まれる結果になったらしい。ボーアは大きな包容力のあった人ですけれども、しかし、今いった点ではソクラテスに似ていますね。こういう話があります。

これもハイゼンベルクから聞いたことですが、シュレーディンガーが波動力学を提唱した時、ボーアは彼をよんできて話を聞いた。そのあと、波動一元論はだめだ、と盛んに言った。シュレーディンガーは必死になって防戦するうちに、とうとう病気になってしまった。コペンハーゲンの病院に入る。そうすると、ボーアは病室にやってきて（笑い）、さらに説得にかかる。

日本にきた時のハイゼンベルクは、そのほかにもボーアの話をいろいろ聞かしてくれた。私はそれとなくボルンのことを聞こうとしたんですけれども、とうとうそれにはふれなかった。どういうわけだったか私にはよくわからなかった。ところが、今申しましたボルンの追悼演説なるものを見ると、さすがはハイゼンベルクで、やはり公平な判断をしておりますね。

## 10　気迫にみちたシュレーディンガーの文章

ボルンの話が少し長くなりすぎましたが、先ほどから話に出ているシュレーディンガーという人のことを、もう少しつけ加えたいと思います。彼は哲学者になりたかったと自分で言っている。ボルンだけではなく、この時代の理論物理学者にはそういう人が多い。世代の違う私なども、若い時に哲学者になろうと思ったこともある。だからシュレーディンガーという人の気持がわりあいよくわかる。

この人はウィーンで生まれた。やはりユダヤ人ですが、ボルンとは性格がだいぶ違う。ベルリン大学の教授になったのですが、やがてヒットラーの時代になってドイツにおられなくなり、結局、アイルランドのダブリンの高等科学研究所に落着くことになる。晩年には、また生まれ故郷に戻っていますが、残念ながら私は一度も彼に会う機会がなかった。

彼は非常な名文家で、文章のすみずみまで気迫にみちております。どういう問題を取り扱いましても、説得力を持っております。『生命とは何か』という有名な本がありますが、自分の専門以外のことを書いているのに、多くの科学者に影響を与えた。それが一九五〇年代の分子生物学の急速な発展の一因とさえなっているのです。それから彼が亡くなりましてから、『わが世界観』という書物が出ております。これも非常におもしろい本です。文学的にもすぐれた著作と言えるでしょう。第一部と第二部に分かれており、第二部は死ぬ少し前に書いたようですが、一九二五年に書いた第一部と考え方はあまり違わない。むしろ第一部のほうが生き生きとしていておもしろい。一九二五年というと、彼が波動力学という、彼の生涯のいちばん大きな仕事をする直前なんですね。そのころ、まだ彼は大学で理論物理の講義でもやりながら、自分の本来の念願である哲学の道をあゆみたい、ということを思っておった。だから世界観に関することを書いておったわけです。この本のはじめに、そういうことが書いてある。

このごろの力学の教科書のいちばんはじめに、必ず力学とは物質の運動および静止の正確なる記述である、という文句が書いてある。つまり、それは事実の忠実なる記録であればよろしい、ということだ。もしも力学、あるいは一般に物理学というのがそういうものである、さらに広くサイエンスというのはそういうものであるというならば、それは恐るべく、むなしいものではないか。彼はそう感じたと書いている。これには私もかなり同感であります。彼はさらに語気を強めて、科学から形而上学を完全に除いてしまったら、残るものは骸骨だという。私などもそういうことをよく言うんですが、それは最近二〇年ほどの間の科学の状況に対して言うているんです。ところが、シュレーディンガーは今から五〇年近く前、まだむなしさなんか感じなくていい時代に、そういうことを言うていたわけです。

彼は何とかして一元論的な決定論的な考え方でずっと通そうとした人ですね。したがって、生命の問題に対しても決定論的な立場で割り切ろうとした。先ほど申しました『生命とは何か』でも、一九四〇年代でDNAの構造なんかまだわかっていない時代であるにもかかわらず、決定論的なメカニズムを生命が持っているという面を、非常に強調して書いてあります。当時、それを読んだ私は、あまりにも決定論に片よりすぎているように思いましたけれども、しかし、その後の分子生物学、生物物理の発展を見ますと、少なくとも今日までのところでは、そういう考え方で非常に多くの重要な事実を説明できるのです。それは非常に皮肉なことでして、無生物の世界、つまり機械論的、決定論的な考え方で割り切れそうに思われていたところでは、彼の決定論的な波動一元論が成功せずに、生命のような、いかにも非決定論的で、多様性のいちじるしい世界で、彼の予想が的中したわけです。量子力学の解釈に関するボーアとの論争では、明らかにシュレーディンガーの旗色が悪かったが、生命の問題で逆転勝ちした、ともいえましょう。

＊＊＊

こんなことを話しているとキリがありませんが、今まで話してきた物理学者は、どうも何かそれぞれ執着しているものがありまして、表面的には考えが変わっているように見えても、心の底は案外変わらないのじゃないか。そして、若い時に表面に現われた考えよりも、むしろ、もう少し年とってからの考えのほうが、その人の本性みたいなものがよく出てる場合があるのじゃないか、そんなことも考えられる。

これを、もう少し違った側面から見ると、若いときの考えには、壮年以降にはない鋭さがある。その代り一方的に片よるということがある。一理貫徹というか、一つの考え方でずっと貫けるんだと若い時は思いこむ。私自身もそうでした。しかし、どうもそうはゆかないということがだんだんわかってくる。それを知恵といっていいかどうかわかりませんけれども、たとえばボーアという人には、そういう知恵みたいなものが、いちばんよく現われている。彼の考え方は妥協的だ、純粋でないと見られやすいところがありますけれども、しかし、物理のように本来すっきりした学問だと思われておったようなものでさえも、一面的な見方では片づかないということがわかってきた。それは否定できないと思いますね。

私がさっきからあげてきているような人たちは、自分の生涯の間のある時期に、物理学の変革を身をもって体験し、またそれに貢献した人たちですね。そして、それは彼らの思想を根底からゆるがすことでもあったわけです。学問というものは、どの学者にとっても、本来、単なる専門ではなくして、その人の人間としての存在の全体と深くかかわりあっているものだ、と私はいつも思っております。現在の私たちの置かれた状況の中で、今いったような意識を持って学者として生きてゆくということは、きわめて困難なわけですね。大学紛争の中から、専門バカという言葉が出てきた。しかし、本当に専門バカに徹することとさえ、たいへんむつかしいのでありまして、私は専門バカというのは、むしろ尊敬すべき存在だと思うわけであります。いずれにしましても、学者が学者であることのきわめて困難な時代ですね。しかし、そういう時代に学者として生きるというのも、またいいことではないか。先ほどのプランクについても、その他の学者についても言えることでありますが、その中にはユダヤ人であるがゆえに自分の生まれた国からほうり出されて非常に苦労した人もいる。しかし、苦労したがゆえに、その人の学問も思想も非常に深まった、ということはあるに違いないと思うのであります（拍手）。

〔本文は一九七一年一二月六日に行なった第一七回仁科記念講演会での講演速記に加筆訂正をしたものである〕

（一九七二年七月号）

# 日本の科学の一〇〇年

## ―物理学者の視点から

第一四回国際科学史会議に際してお話を申し上げることができますのは、私の大きな喜びであり光栄とするところであります。私の話の題目は「日本の科学の一〇〇年」というのでありますが、明治の初年から現在に至るまでのあいだの、日本における近代科学の全分野の発展を取扱うなどと申しますことは、私の知識と能力とに余るものであることを十分承知いたしております。その上、一物理学者である私にとりまして、私のよく知らない多くの分野における業績の公平な評価は不可能であります。私になしうるところは、日本におけるこの約一〇〇年間の科学活動の中のいくつかについての、物理学に関するものに重点をおいた、簡単な説明以上に出るものではありません。

### 中国文化の影響と仮名文字の発明

日本はほぼ二〇〇〇年前からこのかた中国文化の影響の下にあり続けてきました。この影響は、初めのころには、大方朝鮮を通じてもたらされましたが、七世紀初頭以来、日本政府はたびたび使節団を中国政府に送りました。それが日本におけるあらゆる種類の文化活動の促進に資するところはきわめて大きかったのであります。そのような多くの使節団のなかでただ一例についてだけ申し述べてみたいと思います。

八〇四年に四隻からなる船隊が中国に向けて出帆いたしました。使節といっしょに多くの随員が渡航したのでありますが、その中に最澄（七六七〜八二二）と空海（七七四〜八三五）という二人の僧侶がありました。両人ともそれぞれ後に日本における仏教の新宗派の開祖となった人たちであります。空海は通俗には弘法大師の名でより広く知られていますが、偉大な宗教的指導者であったばかりでなく、異常なまで多才多芸な人物でありました。二年間の中国滞在中に、彼は密教の研鑽修行に加えて、中国語、サンスクリット語、文学、詩歌、書道、医術、工芸を含めた、ほとんどすべての部類の事柄を習得しえたのであります。こうして彼は、当時における中国文明と日本文明とのあいだの大きなギャップを埋める上に多大の貢献を、ほとんど彼一人の手で、なしたのです。空海は中国文明のさまざまな要素の移植以上のことをなしとげました。

彼は、インドで創始された密教を中心として、あらゆるものを包括する形而上学の体系をつくり上げた、独創的な思想家でした。その思想の核心は宇宙と人間との一体化でありました。自己の精神的ならびに肉体的活動力のすべてが、彼にあっては、宇宙の生命力と精神との自己表現であったのです。空海は日本における最初の、庶民のための私立学校を設立いたしもしました。多くの点で科学史的観点からもさらに研究するに値する注目すべき人物であります。[1]

空海に始まった九世紀は文化主義（culturism）の時代と申せましょう。中国の散文・詩歌に通じ、それを使いこなせることが、京都の貴族社会において非常に尊重された時代でありました。それはギリシア・ローマの古典があがめられた、ルネッサンスの人文主義（Humanism）と比べられるものです。ところが中国への政府使節の派遣が中止された九世紀の終りから事態は変り始めます。そのころに達成され、日本文明の相対的独立に大いに寄与したひとつの重要な出来事は、仮名文字の発明であります。

すでに八世紀において、漢字すなわち中国の表意文字が、人名や地名のような固有名詞ならびに日本語の詩歌の発音の仕方を表わす表音文字として使われていました。これは後に万葉仮名と呼ばれたものであります。しかしこの目的に使うには、漢字は便利なものではありませんでした。漢字の多くは煩瑣にすぎたからです。二種類の仮名、すなわち片仮名と平仮名とが、万葉仮名に使われた文字のあるものを著しく簡略化することによって創り出されました。これが説話、小説、日記を含む独特の日本文学の創造に決定的な役割を果したことは明らかであります。それらの文学作品の多くは、中流または下流の貴族階級の婦人たちによって書かれたものです。反対に仮名の発明が科学や技術の発展に及ぼした効果には目立ったものがありません。暦法、算法、医術、薬種に関する書物は、ひき続き仮名を使わずに書かれたからです。仮名が科学技術の知識の普及に使われるまでには、長い時日を閲したのであります。

## 孤立下での知的好奇心

さて日本における科学技術の進展普及の多くのページを飛ばしまして、一六〇〇年あたりから始まる江戸時代にまで下ることにいたします。後に申し上げますように、数学とか医学とかいった分野ではかなりの進歩があったのでありますが、徳川幕府は、中国、朝鮮、オランダとの長崎における交易を除いて、諸外国から孤立する政策を採りました。日本の知識人たちが西洋の科学技術の卓越を知り始めたのは、わずか二〇〇年ほど前のことであったのであります。一七七四年オランダ語の一解剖学書の邦訳が、旧来の中国や日本の解剖の説明と比べてみて、その精確なことに驚嘆した医師たちによってなされました。これが西洋科学技術への傾倒の始まりであったとは、科学史家によってしばしば述べられてきたところであります。しかし鎖国政策は一八五八年まで、すなわち幕府が最初に米国に、次いで欧州列強に、開港を余儀なくされた時まで、続いたのでありま す。それは西洋諸国における近代科学の進展がハイ・ペースであった時代であります。

このころまでに、情報に通じた日本の知識人の多くが、西洋の軍事力が日本を凌駕することを痛切に感ずるようになってはいたのですが、日本の庶民は、一八五三年ペリー提督に率いられた米国艦隊の東京湾出現に衝撃を受けたのであります。そういう次第で近代科学技術を受けいれることは、とりわけ日本沿岸の防衛のために、焦眉の急と考えられました。たとえば一八五五年長崎海軍伝習所の設立に見られるようにです。しかし、これが唯一の反応であったというわけではありません。私はむしろ次の挿話に示されるような、科学的装置(からくり)に寄せた日本人の知的好奇心が、日本におけるこの一〇〇年間の急激な近代科学技術の普及振興に、いっそうあずかって力があったのではないかと考えるものであります。

ペリー提督が翌年再度来日した際、科学技術の最新の成果を示すために、幕府に蒸気機関を備えた機関車の模型と電信機とを贈呈いたしました。日本の役人も職人も非常に強い関心を示し、それらの組立てを助けるのに熱中しました。その上、そこに集った日本人たちはすべて模型機関車の動きに見入り、驚異感嘆したといいます。電信機による交信に成功した時の日本人たちの反応も同様でした。当時は英国に最初の鉄道が出現し、米国のモールスによって電信が発明されてから、二〇年あまりしか経過していなかったのであります。

私は同じ時代に起った今ひとつの出来事を付け加えておきたいと思います。福沢諭吉は、後に優れた教育者となり、大衆の啓蒙にもっとも影響力の大きな輿論指導者の一人となったのでありますが、一八五六、七年には二三、四歳で、大阪の蘭学塾の塾頭でありました。この私立学校は高名の医家、緒方洪庵が開いたものであります。一日、緒方は一大名から借りた蘭書を持ち帰りました。福沢はそれを一瞥して直ちに物理学に関するアップ・トゥ・デイトな本であることに気付きました。それは当時塾で使われていた、他の物理学に関する蘭書に比べて、はるかに進んだものであったのです。しかしその書物は、当の大名の数日間の大阪滞在が終るまでに返さねばなりません。しかもきわめて高価な書物で、たとえその別本を見つけることができても、彼らにはとても購入できるようなものではなかったのです。そこで福沢は塾生との協同作業でその本をぜんぶ急遽筆写することにしました。そして彼らはみな、その内容の斬新な点、とくにすでに馴れ親しんでいた摩擦電気、ガルヴァーニ電気、ヴォルタ電気といった題材とはまったく異なる、ファラデーの電気磁気についての研究の解説に心をうばわれたのであります。これもまたファラデーが彼の電気磁気の理論をつくり上げてから二〇年後のことであったのであります。福沢自身は物理学者にはならなかったのですが、彼はこの出来事を多年はっきりと記憶し、生涯次のような信念を抱き続けたと思われます。

福沢に従いますと、近代文明と中国や日本の伝統的文化との決定的なちがいは、物理学のあるなしから生ずるのであります。彼は物理学を、数学的に定式化された自然法則に基づく物資の数量、形状、性質、機能の知識で、そのような物質に関する知識の利用も含むものであると規定いたしました。そして物理学における真理は普遍的恒久的なものであるが、形而上のことがらについての観念や論理はさまざまな論議があり、時と所によって変るものだと主張しました。このように福沢は、デカルトの哲学とニュートンの物理学とによって代表される近代科学の本質的特徴を、彼の時代の日本の科学者の大方よりも、いっそう明快に把握していたのであります。福沢の意見に従って、彼自身も含む蘭学者たちが、物理学の習得に重点を置いたことは、日本のために幸いであったと申せましょう。

福沢は一八三五年に小藩の下士の末子として生まれ、厳格な家格制度下の恐るべき固定化の澱みの中に育ちました。たとえ能力のある人間でも、生まれによって宿命づけられた階層よりも高い階層には決して昇進できないということは、彼の堪ええないところでした。少年時代に士族の家庭の慣習通り中国の古典を教えられましたが、中国古典の教義は家格制度の不条理と不可分に結びついていると、彼には思われました。それが、福沢の書いたものから判断しますと、彼が西洋民主主義を、近代科学の合理性と同様完全に信ずるに至った、主要な理由でありました。福沢は一八五八年に東京で蘭学塾を開きましたが、それから間もなく幕府の使節の随員の一人として欧米を訪ねる機会を得ました。彼の塾は明治維新後も慶應義塾として残り、日本でもっとも旧(ふる)い私立大学となるまでに発展しております。しかし福沢自身は専門的な学者、または科学者とはなりませんでした。彼は日本の啓蒙時代の典型的な人物でありました。

## 和算と医学の場合

明治維新後樹立された新政府は、その当初から、科学技術に関連するあらゆる部類の物件の移植にきわめて熱心でした。とりわけ著しい数の科学者や技術者が明治の初年に海外から招聘され、また政府は欧米の諸大学に留学生を送りました。東京大学が最初の国立大学として一八七七年に設立され、帝国学士院を含むさまざまな学会が次々とでき始めたのであります。

しかし、これらの達成には、徳川時代に開花した科学分野の衰頽（すいたい）という代償を伴っていました。そのひとつは、和算、すなわち一七世紀の後半に頂点に達した日本流の数学であります。中国の数学書は、六世紀あたりから、主として朝鮮を通じてもたらされていたのですが、日本の数学者たちが彼ら自身の著書を公けにし始めるのは、はるか後年の一七世紀初頭であります。数学史の専門家によりますと、和算の真の創始者は関孝和であったということであります。関は一七世紀後半の人で、それまで中国や日本の数学者たちが考察したことのなかった連立代数方程式を解くことに成功いたしました。一八七二年に政府が一般教育課程から和算を除くことを決定した時からわずかなあいだに、和算が消滅してしまったのは残念なことであります。この急速な衰微につきましては、いくつかの理由が考えられます。

ひとつの明白な理由は、和算家たちによって書かれた書物は、漢文によるものばかりで、理解されにくかったということです。それらの書物に書かれてあるところは、多くの場合、専門家の解読を要する暗号文のようなものなのです。今ひとつの理由は、上の理由と密接に関係しているのですが、一般的な公式とか一般的な方法とかが示されていない、ということであります。和算家たちは特定の数値問題を解くことに努力を集中いたしました。そのため和算の発達史に精通した専門家だけが、関のような和算家の仕事の意義と独創性とを見出しうるにすぎなかったのであります。こうして和算はますます科学の諸分科から孤立した芸道(ディシプリン)となりました。このことは、一八世紀の独創的な自然哲学者であった三浦梅園が、数学とは何のかかわりあいも持たず、その結果デカルトやニュートンの自然哲学に匹敵する域にまで達しえなかった理由のひとつに数えることができましょう。

医学では事情がいささかちがっておりました。すでに申しましたように、日本の医師たちは一八世紀以来、漢方、すなわち伝統的な中国医学に加えて、オランダ医学も採用し始めたのであります。華岡青洲が世界で初めて、彼の発明になる麻酔剤を使って乳ガンの手術に成功しましたのは、一八〇五年のことでした。この手術は蘭方の様式で行なわれましたが、麻酔剤のほうは漢方の混合薬であったのであります。徳川時代の最後の一〇年間には（一八五八〜一八六七）、蘭方は公認のものとなりました。さきほど述べましたように東京大学が明治政府によって設立されました時、西洋医学に加えていわゆる皇漢医術を東京大学の課程に含めるべきかどうかにつきまして激論が闘わされ、論争は伝統的医学の完敗に終りました。それ以来、漢方は民間療法としてだけ存続しえたにすぎません。しかし日本が二年前中華人民共和国と外交関係に入って以来、漢方が著しく復活しつつあることを指摘しておきたいと思います。

## おしよせた二つのうねり

さて東京大学開設後、一本立ちの科学的研究を行なうための準備期間が一〇年以上続きますが、一八九〇年あたりから独創的な仕事が科学のさまざまな分野で現われ始めます。一八九〇年から一九二〇年に至るほぼ三〇年間には、科学の各分野において多くの業績が出ております。私はここで、それらのうちのごくわずかについてだけしか述べることができません。物理学では、長岡半太郎と本多光太郎とが傑出した二つの存在であります。長岡につきましては、後にまたたちもどることにいたします。

本多光太郎は、金属の磁性やその他の諸性質に関する研究でよく知られておりますが、京都大学に次いで三番目に旧い国立大学である東北大学に、金属研究所を設立いたしました。本多は優れたオルガナイザーで、多くの研究者を育てあげ、それらの人々とともに重要な諸業績を産み出したのであります。東北大学には、当時強力な物理学グループがありましたが、なかでも理論物理学者の石原純は、アインシュタインの指導下に相対性理論を研究し、前期量子論の進歩に貢献いたしました。彼が次の世代の理論物理学者たちに、私自身もその中に含まれるのですが、与えた影響には、見逃すことのできないものがあります。

化学では、多くの人々のうちで、鈴木梅太郎を挙げるだけにいたします。彼は一九一〇年にビタミン$B_1$の合成に成功しましたが、それはビタミン類の最初の発見でありました。医学におきましては、実験動物のガンの人工発生が、山極勝三郎によって一九一五年に、世界で初めて行なわれております。私には各分野におけるどの業績のどれを取りあげるべきかについて、まったく自信がありませんので、これくらいにいたしまして、また物理学にもどることにいたします。

後年日本の指導的物理学者となった長岡半太郎は、本多よりも五歳の年長で、一八八八年磁気歪の研究から出発いたしました。この時、彼は東京大学物理学科大学院の学生でした。彼は数多くの新結果を得、一八九三年から三年間にわたるドイツ留学中も磁気歪の研究を続け、一九〇〇年パリで開かれた第一回国際物理学会議に招待され、磁気歪についての講演を行ないました。このことは、物理学の現代的課題に関する日本の学者の研究が国際的に認められたものとして、彼の同僚たちを元気づけました。しかし長岡自身は、今こそ物理学の革命の時だと鋭く感じとっていたのであります。彼はこの国際会議の折にヨーロッパの指導的物理学者たちの多くと出会って、それを痛感させられたのであります。帰国後、長岡は一九〇三年にひとつの原子模型を提唱いたしました。この模型そのものの詳細や彼の発想の背景に立ち入る時間もありませんので、それは昨年出発されました、板倉・木村・八木による長岡の伝記[2]に譲ることにいたします。ただ私は、当時の日本の学界の空気が、彼の仕事のような野心的な理論的追求を続けるのに好適ではなかった、ということだけ申しておきたいと思います。

後年長岡は、彼がなかばにして止まらねばならなかった途（みち）を若い世代がさらに進んでくれることを、期待していたように見受けられます。事実一九二六年に、私は「物理学の今昔」と題する彼の通俗講演を聞く機会があったのです。それは私が一九歳で京都大学に入学して数ヵ月経った時のことでした。長岡は六〇歳で、東京大学を退官したところでしたが、彼の青年的な情熱は私に多大の感銘を与えました。ちょうど量子力学が現われた時で、物理学界は疾風怒濤（シュトゥルム・ウント・ドランク）の状態にありました。私は量子力学に関する論文を、できるかぎり多く、できるかぎり速やかに、調べ上げようと心に決めたものであります。それらの論文は大部分がヨーロッパの一群の若い物理学者たちによって書かれたもので、続々と出来していたのであります。

一九二八年から一九三〇年の短い期間のあいだに、ヨーロッパに留学していた多くの日本人物理学者たちが帰国し、量子力学の普及にあずかりました。なかでも仁科芳雄は、ハイゼンベルク、ディラック、その他多くのすぐれた若手物理学者たちが、ニールス・ボーアの指導下、量子力学の創造発展にきわめて活発であった時期に、コペンハーゲンに数年間滞在し、彼自身もまた量子力学の進展に寄与いたしました。同じころ、ゾンマーフェルト、ハイゼンベルク、ディラックといったヨーロッパの物理学者たちが日本を訪れ、講義を行ないました。これらのことはすべて私を非常に鼓舞したものであります。とくに京都大学には、同級に朝永振一郎、四歳年下の坂田昌一と武谷三男とがいました。これらの人々は後に指導的な理論物理学者となったのであります。

第二波のうねりが日本におしよせましたのは、一九三二年、すなわち欧米において原子核物理学と宇宙線の分野で次々と偉大な発明発見が現われた時であります。今度は日本の物理学界では、前よりもずっとよく準備ができていました。コッククロフト－ウォルトン型の加速器とサイクロトロンとが数年のあいだに建設されました。そして一九三〇年代の後半には、日本は米国を除けば、西洋諸国のどの国よりもすぐれた核物理学の実験装置を備えていたのであります。理論的研究につきましても、同じ時期に、重要な諸研究が現われ始めました。とくに、わずか数年前に設立されたばかりの大阪大学のグループは、まったく新しい素粒子の世界の扉を開くのに、大いに貢献したのであります。

## 戦後の科学のメタモルフォーゼ

原子爆弾で終った第二次世界大戦の影響はもちろん重大かつ広範でありました。日本における科学と科学者とだけに限ってみましても、戦後さまざまな新しい傾向の出現が認められます。そのひとつは、日本の物理学者たちの多くが、とりわけ私ども原子核物理学者が社会的責任の問題と真剣に取り組み始め、世界平和に関する運動を起したり参加したりし始めたことであります。今ひとつの傾向は科学界の民主化でありました。本会議を主催しております日本学術会議は一九四九年に設立されました。これは二一〇名の会員が日本全国の科学者全体によって選挙されるという、世界最初の民主的な組織であったのであります。

民主化は純粋科学の各分科で同時的に進められました。一例を挙げますと、「素粒子論グループ」なるものがこのころにその形をとりました。ここではその詳細に立ち入らず、『近代日本の科学と社会』の相応する章に譲りたいと思います。この本はごく最近出版されましたもので、関連論文の日本の科学史家による英訳を含んでおります。[3] しかし日本の物理学界は、戦前から他の大方の学界と比べて、より開放的であり権威的ではなかったことを指摘しておきたいと思います。指導的な年長の物理学者たちが心の広い人々であったため、異なる世代の、ちがった研究機関に属する理論物理学者たちが、自由に討論する多くの機会がありました。それは同時に、二〇世紀初年来の世界的な物理学界の空気の反映でもあったのであります。

戦後の科学の世界的傾向のひとつは、研究の様式が変わってきたことであります。一九三二年このかた原子核物理学の急速な進展の結果、実験のための設備は、規模におきましても経費におきましても、ともに急勾配で上昇いたしました。戦後この傾向はいっそう拍車がかけられました。より高いエネルギーの粒子をつくり出すため、より大きな加速器が、次々と建設されてまいりました。しかし、それは米国とかソヴェト連邦のような超大国だけに可能であり、西欧諸国は共同事業としてだけそのような大加速器を建設しえたにすぎません。反対に日本は、戦前期とちがって、高エネルギー物理学の実験的研究では後塵を拝するより仕方がありませんでした。しかし、理論的研究は戦前同様活発でありつづけました。科学の他の多くの分科でも、「巨大科学」への傾向が現われ始めました。その一番顕著な場合が宇宙科学でありました。

第二の傾向は、これは第一の傾向と密接に関連していて、しかもいっそう一般的なのですが、ひとつの主題について協同研究を行なう科学者のチームの規模が大きくなったことであります。それはおそらく実験的研究ではたいていの場合避けることができないものでありましょう。これは近代科学の一七世紀以来の歴史的発展の過程において生じた一種の変態（metamorphosis）であります。現代の科学者たちの大部分が、ひとつの機械の部品であるかのように、仕事をすることを余儀なくされております。各自が一個人として、今行ないつつあることの、いっそう広い観点から見た意義を把握するのが、ますますむつかしくなってきております。他の種類の人間活動との関連の喪失感は深まり、時には諦念にまで導きます。科学とは何か、科学は何のためにあるか、と自問することを止めてしまうのであります。しかし、これはひとつのアイロニーです。なぜかと言えば、まさしく今申し述べました諸傾向のゆえに、科学者が現在なしつつあるところの意義を自己に問うことが、何物にもまして肝要になってきているからであります。

次にいっそう最近の変化について考えることにいたしましょう。それは二〇年ほど前から始まったものです。そのひとつは生物学における目覚ましい進歩であります。きわめてよく知られております通り、一九五三年ワトソンとクリックによるDNAの二重ラセン構造の発見が現代分子生物学の出発点でありました。これは私ども物理学者には、次の理由からいささかパラドキシカルに見えるのであります。すでに申しましたように、二〇世紀初頭における量子論と相対性理論との出現に端を発する物理学革命は、ますますひどく素朴実在論を覆す方向に進みました。一七世紀以来の近代物理学は、アリストテレスの物理学によって表わされるような物質と運動の旧来の解釈を、打ちこわしてきたごとくに見えますけれども、原子である微粒子と連続的な力学的エーテルとの客観的恒久的存在に対する確信は、一九世紀後半まで残っていたのであります。この種の素朴実在論は、電子のような原子よりも小さな粒子や、また光の本性を理解するには、とりわけ量子力学の出現以来、維持しえなくなりました。そういう次第で、生物体の基本的性質の多くが、ある意味ではデモクリトスとデカルトとを結ぶ思想線の延長である分子生物学に基づいて、機械論的に理解されるようになるとは、いささか驚くべきことであったのです。もちろん、分子内および分子間に作働する機構の詳細にまでわけ入る場合には、古典力学ではなく量子力学に頼らなければなりません。この点が誤解されてはなりません。

## 伝統的な東洋の思考と科学

さて、また物理学そのものにもどりまして、素粒子の新しい世界が一九三〇年代に開かれたことは、すでに申し上げた通りであります。一九四〇年代このかた、ますます多くの予期しなかった新しい種類の粒子が、宇宙線中に発見されたり、加速器で創り出されたりしました。何故かくも多種多様な粒子が自然界には存在するのか？　素粒子の統一的理論には多くの試みがありますけれども、この質問に納得のゆく答えを与えることができる物理学者は、まだだれもおりません。そういうわけで、私は二〇年来、自分が西洋とは多少ちがった思考の仕方の伝統を受け継いでいる強みをうまく使うことができるかもしれない、と考えるようになりました。

実際私は五歳の時から祖父に非常に多くの中国の古典を教えられました。これは私の世代の子供としては異例のことに属するものです。私は一五歳くらいになったころ、『老子』とか『荘子』といった道家の書物を見つけ出しました。それらは私にはたいへん面白かったのですが、当時はまだ物理学者あるいは自然哲学者になろうという、はっきりした意図を持ってはおりませんでした。これらの書物に対する新しい関心がわいてきたのは、ずっと後のことでした。たとえば『荘子』に、次の一節を見出して私は驚嘆したのであります。

今、大冶、金を鋳るに、金踊躍して「我且に必ず鏌鋣(ばくや)と為らんとす」と曰わば、大冶は必ず以て不祥の金と為さん……今、ひとたび天地を以て大鑪(だいろ)と為し、造化を以て大冶と為す。悪くにか往くとして可ならざらんや。成然として寐ね、蘧然(きょぜん)として覚めんのみ。[4]

明らかに荘周は金属と大冶（たくみないものし）の隠喩を借りて、生死を超越する道を示したのであります。しかし私がびっくりしたのは、多種多様な素粒子の生成消滅をとらえるために、「眼に見えない鋳型」という表現を好んで使っていたからです。これは単なる偶然的一致に聞えるかもしれませんが、少なくとも時折『老子』や『荘子』を読み返すのは、私にとって有益であります。[5] さらに近頃になって、ニーダム（Needham）教授が中国科学技術への道士たちの寄与の重要性を指摘されているのを知ったのであります。[6]

こんなふうにお話ししてまいりますと、長岡半太郎が後年自ら語った彼の青年時代の挿話を思い出さずにはおられません。一八八三年長岡が東京大学理科大学の一年目を終えた時、彼は科学の何かの分野でひとかどのことを成しとげるような科学者になる決心をしようとしたのです。彼は自分は近代科学を輸入流布するだけでは満足できないと考えました。しかし彼には、東洋人がすぐれた科学者になる天分を授けられているかどうか、明らかではありませんでした。そこで長岡は、中国の古典を検索することによって東洋人の天分の有無の証明を見出すために、一年間休学することに決めました。そして彼は、『荘子』を含む古代中国人によって書かれた書物の幾冊かに、科学的な発見と観測とを――その中のいくつかの場合では西洋におけるよりも先んじていたのを――見出しました。そのことは長岡を安堵させ、もはや迷うことなく大学にもどらせたのであります。この話はたいへん奇妙に聞こえるかもしれませんが、長岡の青年時代における日本の科学研究の状態を思い出していただきたいと思います。すでに申しました通り、日本ではそのころまでは、独創的な研究は近代科学のどの分野からもまだ出ていなかったのであります。

私の話を、今日の科学についてのさらに一般的な考察でもって、終りにしたいと思います。一七世紀の科学が、ガリレイの慣性の発見とともに始まったことは象徴的であります。この法則に従いますと、物質は自由に動くままにしておくならば、無限遠にまで走り去るように宿命づけられているのです。それ以来、無限大と無限小という数学的概念が、物理学ならびに関連する科学の諸分科において、ますます重要な役割を果すようになってきました。しかしながら、現実の人間の営みは無限にまで到達することが決してありません。近年、われわれ自身の地球が有限であることに、ますますきびしく拘束されるようになってきております。このような情況に見舞われた主因が、まさに科学技術の発展であったことはパラドキシカルであります。この点で日本は、空間と自然資源の制約が自然環境の破壊と同様にもっとも著しい国の一つであります。しかし私どもの祖先は、江戸時代二〇〇年以上のあいだ、ほとんど完全に外部の世界から孤立して生活する経験をしております。ですから私は、日本の科学者や技術者たちが、私ども自身のために、また人類全体のために、環境問題の解決に貢献することを、期待しているのであります。

最後に、私の話を準備するにあたりまして、日本科学史学会が編まれました、二五巻の『日本科学技術史大系』[7]にたいへんお世話になったことを申し上げておきたいと思います。

河辺六男 訳

注

1 空海について日本語で書かれた本はたくさんありますけれども、Yoshio S. Hakeda: *Kūkai* (Columbia University Press, 1972) が、私の知るかぎりでは、英文の唯一の書物です。

2 板倉聖宣・木村東作・八木江里『長岡半太郎伝』(朝日新聞社、一九七三)

3 S. Nakayama, D. L. Swain & E. Yagi: *Science and Society in Modern Japan* (東大出版会、一九七四)

4 『荘子』内篇大宗師篇第六、森三樹三郎訳(『世界の名著』4、中央公論社、一九六八、二六八ページ)による。

5 H. Yukawa: *Creativity and Intuition* (Kodansha International, 1973)

6 Joseph Needham: *Scince and Civilization in China* (vol.4 Cambridge University

Press, 1962)．藪内清編『中国中世科学技術史の研究』（角川書店、一九六三）

7　日本科学史学会編『日本科学技術史大系』（第一法規出版、一九六四〜一九七一）

〔本文は一九七四年八月一九日、東京・都市センターで開かれた第一四回国際科学史会議の招待講演の原稿を翻訳し、加筆訂正したものである。原題は Hundred Years of Science in Japan ―From a Physicist's Point of View―.〕

（一九七五年一月号）

# II

# 素粒子論の現状と将来

湯川記念館開館記念講演

こういう立派な建物ができ上りましたときにあたりまして、素粒子論の現状と将来につきまして、お話させていただく機会を得ましたことは、私にとりまして非常に光栄であり、また非常に喜ばしいことであります。ひとり私ばかりでなく、今日御出席の素粒子論の専門のみなさま方も、ひとしくこの建物のできましたことを喜んで下さるものと信じておるのであります。

## 素粒子論の誕生と成長

〝素粒子論〟という学問、理論物理学の一つの分科——そういうものが現在まだ完成しておるわけではありませんが——そしてまた、それがいつごろからはじまったものかということも、実にうかつな話ですが、私にもよくわからないのであります。これをどんどんむかしにさかのぼってゆきますと、物質はすべて原子からできているという考えを発展させて、一八世紀、一九世紀から二〇世紀の初めにかけて、広い意味の〝原子論〟というものがだんだんでき上ってきました。そういうものが素粒子論の前身に違いないのであります。素粒子論自体はいつから始まったのか、どこに区ぎりをおいていいかわかりませんが、ごくおおざっぱにいいますと、今日私どもが〝素粒子論〟という名前で了解しておるところのものの源をさぐりますと、量子論が発展致しまして、それが量子力学となり、一つのある意味で完成した体系が一九二五、六年ごろにでき上りまして、さらに、その適用範囲をひろげて、通常の物質粒子だけでなしに、〝場〟といわれておりますところのもの、とくに電磁場に量子力学を適用する。その場合に相対性理論のいろいろな要求というものを考慮に入れて、それと矛盾しないような理論をつくり上げてゆく、そういう企てを最初にやりましたのがディラックでありまして、それが一九二七年ごろ、はじめて輻射の量子力学に関する論文を発表致しました。

それから間もなくディラックは物質粒子の中でも、特によく知られております電子に関する相対論的な量子力学、よく知られております〝ディラックの電子論〟を発表しましたのが一九二八年であります。さらにその翌年から翌々年にかけましてハイゼンベルクとパウリとが、電磁場と、それから物質粒子を、それらを一緒にした体系を相対論的に、そして量子力学的に扱うということに、一応成功致しまして、今日私どもが〝量子電気力学〟と呼んでおるところの理論体系を、一応つくり上げたのであります。そのころが素粒子論のまずはじまりであると申してもいいのではないかと思います。それ以後量子力学、とくに相対論的な量子力学をさらに原子核の構造の問題、あるいは宇宙線に関するいろいろな現象に適用するというような試みがなされて来たのでありますが、その中でもとくに一九三二年にフェルミがそれまで全然理解のできなかった、ベーター崩壊の現象を説明するために、パウリに従って中性微子といわれる新しい粒子の存在を仮定致しまして、それから出発して一つの理論をつくり上げました。それによりまして相対論的な量子力学の適用の範囲がひろがってきて、それからさらに一九三五年には中間子の理論というようなものが出てまいりまして、宇宙線、原子核に関する諸問題にも相対論的な量子力学を適用するということが、大いに有効であろうと信じられるようになって来たのであります。

その場合にそういう素粒子論といわれるものと、それ以前の相対論を考慮する必要のあまりなかった非相対論的な量子力学というようなものとの間には、いろいろな違いがあり、長所もあれば、短所もあります。その一つの長所は、もちろん相対論の要求を満足さすということによりまして、われわれが考え得るところの粒子というものの性質、種類というようなものが、ある種の限定をうける、それまでの非相対論的な量子力学では論議できなかったところの問題、たとえば電子が½というスピンをもっており、それがフェルミ－ディラックの統計に従うというような基本的な事実、あるいは電磁場にともなうところの粒子でありますが光子が、スピンが1であり、ボーズ＝アインシュタインの統計に従うものである、そういうような事実が素粒子論の立場から一応理解できるようになったのであります。そしてたとえば電子が、スピンが½で、ボーズ＝アインシュタインの統計に従うというようなものは存在し得ない、少くとも現在一般にみとめられている素粒子論の立場からは、そういうようなものの存在は許されない、理論自体の中に矛盾の生ずることによって、そういうものは排除できるというような新しい結果がみちびき出されてきたのであります。それればかりでなく、それまでは物質粒子とそれから電磁場というように区別して考えられており全く違う方法で取扱われておったところのものを、同じ一つの方法、いわゆる場を量子化するという方法によって、それらの種々の本質的に違った種類の場を統一的に記述することができるようになったのであります。

さらに進んで新しく現われてまいりました中間子というようなものも、一つの場と考えて、それを量子化することによって、中間子に関係したいろいろな現象、宇宙線の中に現われてくる中間子、あるいは中間子と密接な関係にある核力の問題、というようなものも素粒子論の立場から、ある程度まで議論できるようになった。こういうことはみなさんの方がよく御承知の通りであります。

## 素粒子論の矛盾――発散の困難とくりこみ理論

しかしながら相対論を考慮した量子力学というものは――これからそれを一口に〝素粒子論〟と申すことに致します――素粒子論というものは、非常な新しい成果をおさめ、その適用範囲をだんだんひろげていったのでありますけれども、もともと非常に大きな困難をもっておったのであります。それを今日一口に〝発散の困難〟とわれわれは呼んでおるのでありますが、物理的に考えまして、ある有限の値をもっておらなければならないような量、たとえば電子の質量というようなものを理論的にみちびき出すことができないのであります。従来の素粒子論からみちびき出されるところの質量というもののの一部は、自己エネルギーといわれるものに由来すると考えられますが、そのいわゆる自己エネルギーが無限大になる、こういうことは相対論的な、量子力学、すなわち素粒子論がつくり出される以前からよく知られておることでありまして、電荷が一つの点に集中しておる以上は、その周囲に生ずる電磁場のエネルギーが無限大になるということは、古くからよく知られておる通りであります。そういう無限大が現われてくるという困難がもとからあったのではありますが、相対論的な量子力学が進歩するに従いまして、その形はだんだんに変化してきたのでありまして、はじめのように単純でもなく、またいくぶんかその困難は緩和されてきたのであります。

とくにこの戦争中に、わが国では朝永さんがいい出された、いわゆる超多時間理論という形式を採用し、そこに俗に〝くりこみ〟といわれるような操作をほどこすことによりまして、そういう無限大は、現にそこにあるけれどもそれは有害でない、他の物理的に意味のある量を計算する際に、邪魔にならないような形でとじこめてしまっておくことができることになったのであります。しかもそういう手続きが、相対論の要求を満足さすような形でできるということが、朝永さんの研究や、あるいはアメリカにおけるシュウィンガーや、ファインマンや、その他の人たちの研究によりだんだんとはっきりわかってきました。それればかりでなく、そのような操作をほどこしたときに、計算の結果として出てきますいろいろな物理的な量が、実験の結果と非常によく合う、とくにたとえば水素原子のスペクトルの微細構造、通常ラム・シフトといわれておるもの、あるいは電子の異常磁気能率というようなものが、非常に正確に説明することができるようになりました。

そういう意味でたしかに電子と、電磁場というものだけにわれわれの対象を限ってきますと、いいかえれば量子電気力学の範囲におきましては、今日われわれが知っておるところの理論、相対論的な量子力学というものはたしかに真理をふくんでおる、将来私たちがほんとうに望んでおるところの素粒子論というものの体系ができ上る——いつでき上るかわかりませんが——そういうときにおきましても現在われわれが量子電気力学について知っておること、そしてその現在の理論の形式、またその計算方法というものは、おそらく何等かの意味において、完全な理論に対する相当によい近似になっているであろうということが十分予想されるのであります。

しかしそれを反面から見ますと、幸いにして、無限大をとじこめることができたのでありますけれども、その無限大はやはり残っておるのでありまして、はじめからそれが現われてこないような、完全な理論というものは量子電気力学の場合でも、まだみつかっておらない。しかし量子電気力学に関する限りは、非常に現実的な、実際的な立場からしますと、一応もうヤマが見えた——こういってもいいのであります。

しかしさらにわれわれの視野をひろげまして、中間子をもふくんだ現象とかあるいは陽子とか、中性子、いわゆる核子というものをふくんだ領域、原子核及び宇宙線に関するいろいろな現象をそういう理論に適用しようとしますと、一方では無限大がもっとひんぱんに現われてきます。ある場合にはその無限大を量子電気力学の場合と同じように、有害でないような形にまとめ上げ、とじこめてしまうということが、理論的に可能でありますが、他の場合にはそういうことは不可能であります。われわれは今日までこの点については明確な見通しをもっておらない。自然界に現われてくるいろいろな素粒子、その間の相互作用というものが、いまいった〝くりこみ〟のきくようなものばかりであるのか、あるいはそうでないものもあるのかということは、はっきりとまだ誰もいえないのです。

一つの著しい例を上げますと、さきほどお話ししましたフェルミのベーター崩壊の理論というようなものに現われてきますところの相互作用というものは、そういうくりこみはきかないような場合になっております。こういうものが必要であるか、必要でないか、つまりフェルミの理論というようなものは、これをそれ以上根本的な理論に還元できないような、終極的な一つの相互作用を現わしておるのであるか、あるいはたとえばわれわれがまだ知らないような粒子、通常の中間子よりもっと重いような適当な性質の粒子を導入することによりまして、それをくりこみのきくような理論に還元してゆくことができるかどうか、こういうことにつきましてはまだわれわれははっきりした見通しをもっておらないのであります。しかしそれはおそらく非常に困難であろう。一たん中間子の問題の方へ還元してゆきましても、そこでまた、くりこみのきかないような相互作用が現われてきそうである、ということがいえる。それらについての詳細はお話ししておると長くなりますから、別の機会にゆずることに致しますが、いずれに致しましても、今日われわれが知っておりますような、いろいろな素粒子の間のいろいろな種類の相互作用というものが、すべてくりこみのきくようなものであるか、どうかといいますと、むしろわれわれの見通しは否定的な方向にかたむいておるのであります。

こういう問題につきましては、最近名古屋グループの坂田さんその他の方々によって、どういう場合にくりこみが可能であるか、どういう場合にそれができないか、というようなことがくわしく調べられております。

## 一つの試み――非局所的相互作用の導入

いずれにしても、くりこみができないという場合には、もしも将来そういうふうな理論を、多少変形致しまして、もっとタチのよい理論にしようとします場合には、どうしてもこの相互作用として、いままでわれわれが考えてきたものと、本質的に違ったものを導入しなければならないであろう、ということが十分予想されるのであります。いままでわれわれが取扱ってきた場の間の相互作用とは、どういうものであるかといいますと、一つ一つの種類の素粒子を現わしているところの場というものは時間‐空間の四次元の世界の各点で定義されておるような場であります。またその間の相互作用というものも時間と空間の一つの点に関係したというような形になっておるのであります。そういう相互作用を、便宜上、局所的相互作用（ローカル・インタラクション）と呼ぶことにします。たとえば電磁場のポテンシャルを $A\mu(x)$、量子化された電磁場を $\Psi(x)$ としますと

$$H_I=ie\int dx\overline{\Psi}(x)\,\gamma\mu\Psi(x)A\mu(x)$$

というような種類の相互作用であります。

くりこみのきかない場合に、何かの手続きによりまして、その無限大を処理しようと思いますと、こういうローカルな相互作用だけに局限されることはできないで、結局、非局所的相互作用（ノン・ローカルな相互作用）というものを導入しなければならないであろうことが予想されるのであります。

そのもっとも一般的な場合は、ここに三つの場の量がありますと、各々三つの場の量につきまして、違った点$x'$、$x''$、$x'''$をとりますと、通常のローカルな場合であれば、ハミルトン函数の中に上記のような空間積分が入ってくるのでありますが、ノン・ローカルの場合にはこの3つの点をとって、これに更に適当な函数が掛ってきまして、$x'$、$x''$、$x'''$について積分する。

$$H_I=\int dx'dx''dx'''F(x',x'',x''')\overline{U}(x')U(x'')V(x''')$$

ということになります。その場合の相互作用の形は勿論相対論的な理論では、積分は四次元的にやらなければならないのでありますが、いずれにしてもそういう非局所的な作用を導入すれば、どうしてもそこに或る任意函数$F(x', x'', x''')$、三つの四次元的な座標に関係した任意函数が現われてくる、これを簡単にフォーム・ファクター、すなわち相対論的な素粒子論の意味におけるフォーム・ファクターが現われてくる。このフォーム・ファクターは非常に一般的なものでありまして、相対論的な要求、相対論的な不変性であるとか、その他の対称性であるとか、いろいろの制限があるわけではありますが、そういう範囲内におきましても、フォーム・ファクターのとりかたは非常に自由なのでありまして、そういう函数のとりかたを適当にすれば、さきほどから申しております発散の困難、自己エネルギーが無限大になるという困難を除き得るかどうかということは、以前から問題になっておったのであります。

最近コペンハーゲンのメーラーなどは、この問題をもう少しこれよりも簡単なスピノール場とスカラー場の間の相互作用について調べまして、核子自身の自己エネルギーばかりでなく、中間子の自己エネルギーも同時に有限になるようにフォーム・ファクターを選べることを証明しておるのであります。これにつきましてはなおいろいろな議論があるのでありますが、いずれにしましても、たぶんそういうことは、少くとも幾つかの簡単な場合についてはいえるであろうと思われます。しかしそれが量子電気力学の場合に、どういうふうに変形しなければならないかという問題は、ゲージ不変性の問題とも関連して相当複雑になってくるのでありますが、そういうことは別に致しましても、ある簡単な場合につきましては、可能だという見通しがついたことは、われわれに一つの光明を与えるものであります。

## 素粒子論における困難の種類と性質

しかしこれが問題の終極的な解決にどのくらい近づいておるかと申しますと、そこにまた新しい、非常に大きな疑問がいくつもあるのであります。と申しますのは、量子電気力学の場合でも、発散というものに二種類ありまして、一つは通常の摂動に適用する方法、これはわれわれが知っているほとんど唯一の実際的な方法でありますが、上記の場合でありましても、議論は今のところ一番低い次数の項だけに限られているのでありますます。そのつぎの項がどうなっているか、更にそれから先の各々の項が有限になっておるかどうか、ということが第一の問題であります。通常の局所的な相互作用を考えますと、そこに無限大の項が、例えば自己エネルギーのような形で現われてきております。かりに非局所的な作用を導入することによって、そういうものが有限になるとしましても、さらにつぎの問題は、二乗、四乗、六乗と無限に続いておる無限級数自身が収斂するかどうかということでありまして、これは数学的にさらに一層むつかしい問題であります。

これにつきましては、決定的な解答は、私にもわからないのでありますが、そういう級数の収斂性といいますか、そういうものは非常にあやしい。いままでもダイソンがいっているように、これらの無限級数の収斂というものは非常にあやしい――それはくりこみの理論によっていっておるのであります。もしそうだとしますと、われわれのやり方というものは、計算方法ばかりでなしに、数学的な形式というものに対する物理的な解釈といいますか、われわれがもっている物理的なイメージを根本的に変えなければ、結合常数についての級数展開によって問題を解いてゆくというやり方から、すっかりはなれてしまうということは非常に困難です。級数展開ということは、かりに級数自身は収斂しておらないとしても、おそらく意味があるのでありましょう。それは実際現在の量子電気力学が、実験と非常によく合うことからも推定されます。理由はよくわかりませんけれども、何か意味があるに違いないのです。

ところが中間子論に入ってまいりますと、ここに現われてきます相互作用は、例えばスカラー場とスピノール場の相互作用の場合には、入ってきます結合常数$g$が非常に大きい、従って原理的に級数が収斂するかどうかという問題だけでなく、実際上低い項を計算して見てもどのくらい近似がよいかというような問題が、量子電気力学の場合よりもっと重大になってくるのであります。実際中間子論から出てくる結果は、かりにその発散の問題などをうまく処理できたとしても、その結果が実験と非常によく合うというようにはなっていないのであります。大抵の場合には相当な食い違いがあります。従って定性的な話で満足しなければならない場合が多いのですが、その理由の一つは結合常数の冪級数に展開して、その低次の項をとっただけでは、近似が非常に悪いということにあるかも知れません。

しかしまたもしも非局所的な相互作用というようなものを導入し、各項としては収斂するような理論に変形してゆけば、低い次数の項をとっただけでも、もっといい結果が得られるのかも知れません。たとえば通常の中間子、π中間子といわれるものに対しては擬スカラー理論が適用されることがほとんど確実ですが、その場合に擬スカラーの結合を考えますと、これは理論的には簡単でありまして、比較的にタチがいいのであります。くりこみの処法がきくような、そういう相互作用の方が非局所的な理論を研究してゆく場合でも、比較的に簡単で都合がいいのです。その場合でも、いままでの局所的相互作用を仮定して正直に計算しますと、いつも結合常数は非常に大きくなってきます。それにともなって核子の一対、核子と反核子の一対が創り出され、またそれがなくなる——そういう過程がいつも非常に重要な役目をもってきまして、そういう項が一般に余りききすぎて、実際とは非常にかけはなれた結果が出てくるという場合が多い。そのために今日では擬スカラーの結合のかわりにもっと複雑な擬ベクトル結合を採用していますが、しかしもし適当なフォーム・ファクターを導入しますと、これはむかしからいっているところの切断の一種、エネルギー及び運動量の大きいところを適当に切るやり方のもう少し手のこんだものに他ならないのですが、それを適当にやれば、核子の一対ができたり、なくなったりするというような過程の確率をもう少し減らすことができる、それによって実験にもう少し近い結果を得られるというような見込みはなきにしもあらずであります。ただしその場合にも、やはり前からいっております結合常数が大きいために収斂が非常に悪いというような困難が残るでありましょう。

いずれにしても、この程度のことしかわかっておらない――メーラーなどが採用しておる方法もそういう級数展開の方法です。シュレーディンガー方程式をたて、それを解いてゆくというような方法はないのであります。非局所的な作用を導入すればシュレーディンガー方程式というようなものも、おそらく存在しないであろうと推定されます。この点を朝永さんやシュウィンガーなどの超多時間理論の立場から見ますと、比較的はっきりわかるのであります。

つまり非局所的相互作用というものを導入しますと、シュレーディンガー方程式の代りにあらわれる朝永-シュウィンガーの方程式――それは連立的な形になっていますが――それが両立しなくなる、積分ができないものになります。特別な場合には積分が可能かも知れませんが、一般には積分は不可能だということがいえるのであります。積分可能の場合があるとしても、それは極めて例外的な場合に限られております。

　将来物理的に意味があると思われる非局所的な相互作用では、恐らくそうはなっていない、従ってシュレーディンガー方程式、またはその拡張としての朝永－シュウィンガー方程式というようなものと本質的に違ったものから出発する——いいかえれば、われわれの考え方を変えまして、そういうものがなくてもすませるようにならなければならないのでありましょう。これについては今のところまだわからないのです。

　それからさきほど申上げましたように、そういう非局所的な作用を導入しますと、級数展開の低次の項が収斂するようなフォーム・ファクターが一つあれば、それに似たものはいくらでもあるはずです。それをどう選ぶかというような根本原理については、まだわれわれはなんにも知らないのであります。これにつきましては数年以前から私は場の間の非局所的な相互作用でなしに、場自身を非局所的なものと見直すことを考えて、通常の場は、一つの点に関係しておる——それをローカルな場と呼ぶことにしますと——非局所的な場を導入して、そういうものの間の相互作用を考えることによりまして、一方では発散の問題を解決する、他方では各々の粒子がもっている構造のようなものに由来して各粒子が複雑な性質をもっておる、それからわれわれが今日まだ解決のできない問題、たとえばいろいろな素粒子の質量スペクトルの問題などについても手がかりをつかみたいのであります。

## 質量スペクトルの問題へ

質量スペクトルというのは、たとえば電子の質量が1と致しますと、二種の中間子の中のμ中間子は２１１、π中間子は２７６、それから陽子・中性子が１８３８前後というような質量をもっている、そういう一連の系譜をいうわけです。それから最近続々と見つかる新しい素粒子――その全部が素粒子かどうかわかりませんが――そういうものがそれぞれ違った質量を持っていますが、いろいろな質量スペクトルを説明する根本原理はわかっていない。現在のところではとにかく私どもが知っております個々の場を規定しておるところの方程式――たとえばディラックの電子論に出てくるような方程式もありますし、或はクライン－ゴルドンの方程式、電磁場のマックスウェルの方程式などいろいろの方程式があるわけですが――いずれの場合に致しましても、質量のとり方は理論的には全く任意で、それを制限するような原理は見つかっていない。ある種の粒子がある一定の質量を持っているということも、単に偶然的に、そうなっているというより仕方がなかったのであります。

そういうように考えてきますと、将来において問題となるのは、実際それが偶然かどうかということです。われわれの住んでおる世界では何種類か、何十種類か、何百種類か知りませんが、いろんな違った粒子があり、いろんな違った性質をもっており、いろんな違った質量をもっておる——そういうような世界に偶然われわれが生まれてきたものか、あるいはそういうような世界でなければ、何かの理由で存在し得ない。ほかの世界は出来てもすぐつぶれてしまうような世界なのではないか、もしも例えば他の粒子をそのまま固定しておきまして、電子の質量だけ一〇倍にすると、そうすると理論的にいろいろ都合の悪いことが起ってきて、そういう世界は不安定になってつぶれてしまう——そういうところに人間が生まれてくる余地がないということがあるのかも知れない。そういうことが証明できれば非常に面白いのでありますが、まだそんな理論はないのであります。

従っていまのところ、どちらかわからない。単にいろいろの可能性があって、偶然にこのような可能な世界の一つにわれわれが生まれてきたものか、あるいはこの世界が存在すべきしかるべき理由があるのか。私ども理論物理を研究しておるものは、何かそこにしかるべき理由があるのだろうと予想してやっておる。はじめから断念してしまうということになりますと、これは理論物理をこの辺で廃業しなければならないということになりますから、まず何かしかるべき理由があるだろうと予想しています。少くとも全体の理論が収斂するような形になっておるというような世界に、われわれが住んでいるに違いないということはいえます。

## 将来の方向と実験の進歩

もしも将来素粒子論が進歩して、正しい理論が見つかったとすると、それは収斂しているに違いない。そういう無限大が現われてこないようにうまくゆく理論においては、いろいろな粒子の質量の間にある種の関係があるであろうというようなことは至極自然な予想でありますが、そういった立場でいろいろな種類の場を混合して、それからできるだけ発散が現われてこないような組合せを作ってゆく——こういう考え方がわが国では坂田さんの名古屋のグループ、あるいはアメリカではパイスなどがさかんに研究してきたのでありますが、それによりまして、そういう発散の現われ方を少くすることは、たしかに可能で、その場合はその質量の間にある関係が見出される——これが質量スペクトルを理論づけてゆく一つの手がかりになってきておりますが、しかしその反面において、それだけではすべての発散を除くことはできないということも、今日はっきりわかってきております。

非局所的な相互作用、もしくは非局所的な場を導入することによりまして、問題がもっと新しく展開してゆくであろうということが予想されるのでありますが、その場合には、たとえば非局所的な相互作用の場合であれば、フォーム・ファクターを適当に選ぶ理由があるに違いない、単に収斂するというだけでは、あまりにも任意性が強く、質量スペクトルに対する手がかりになかなかなってこない。一方非局所的な場というようなものに種々の制限をおくことによりまして、そこからやはり質量スペクトルの問題に新しい手がかりが得られるであろうということも、一方で期待しながら私は今日までやって来たのでありますが、そういう理論でありましても、質量、その他の量が、単に二次的なパラメーターとして入ってきておるので、質量スペクトルの問題の解決には、どちらから進んだとしても、まだまだ道は遠いように思われます。

以上の話は純理論的な立場から見ての話でありますが、実際実験の方も、最近非常に進み、私どもが予想しておったよりも、はるかに多くの粒子が自然界に存在しているということが、だんだんはっきりわかってきました。私どもの出発点は核力で、核力を説明するには、中間子、今日知られておる粒子の中では、π中間子、こういうものが一つあれば結構であろうと思っておった、もしもこれだけで不都合であれば、もう一つ何か組み合わせる。そういうことで、問題を解決してゆきたいと思っておったのであります。事実は、無用の長物のようなμ中間子がさきに見つかっていまして、そういうものが間に入ってきたが、これは重要ではありません。それでπ中間子よりも、もっと重い中間子といいますか、あるいは中間子ともいえないような重い粒子がたくさん見つかり、τ（タウ）、V（ブイ）、κ（カッパー）という名前の粒子が次々と見つかりました。その中には陽子や、中性子よりも重いものさえも現われて来ておる。とにかくいろいろの種類の、質量も違い、性質も違うものが次々と現われております。

そういうものの性質は、まだ十分はっきりわかっておらないが、どれもこれも非常に不安定なものであります。比較的安定したのは$\mu$中間子でありまして、その寿命は$10^{-6}$秒、他の粒子では、$\tau$やVは$10^{-9}$～$10^{-10}$秒という短い寿命しかもっていない。どのような仕方で崩壊するかということにつきましては、まだほんとうにはっきりしたことはわからない。この他にもまだ沢山もっと違った質量のものが、あるかどうか、質量スペクトルの微細構造といったようなものがあるかどうか、まだ断定的なことはいえないわけです。ですから何よりも、そういういろいろな崩壊の過程というものが、もっとはっきりしてゆくということが望ましいことであります。

倖い最近ニューヨークの近くのブルックヘヴンの国立研究所で造っておりました、コスモトロンという装置が完成し、一〇億ボルト以上——三〇億、五〇億程度をねらっているようですが——とにかく一〇億ボルト以上のエネルギーの陽子を発生することにすでに成功しておる、そういう装置によりまして、$\pi$中間子よりも重い粒子も人工的に造り出せることになったのであります。従って上記の問題は、ここ一年くらいで、はっきりしてくるに違いないと思います。

しかしまたそれに伴って新しい問題がいろいろ起ってくるのでありましょうが、素粒子論の立場からして、非常に困ることは実験的に観測される粒子というのは、比較的に寿命の長いものでなければならぬ、例えば$10^{-10}$秒、$10^{-11}$秒でも実験的に観測しうるかも知れませんが、かりに$10^{-20}$秒というような短いものがあったとします。そういうものがあり得る、理論的にはいくらでも寿命の短いものがあり得る、そういうものがいろいろあったとしても、直接観測にかかってこない、直接観測にかかってこなくても、理論的にはそれらの存在を仮定する必要が起ってくるかも知れません。しかし粒子の種類がだんだんふえてくれば、そこまで人間の頭の力で、理論の力だけで見通すことは非常に困難になってくるわけです。

## 新しい飛躍は若い人の手で

ですから質量スペクトルで一ばん困難な問題は観測されたものだけで、そこの一つの規則性を見出し、そこで話ができるかどうかであります。それが見つかれば話は大分簡単になります。最近南部さんがいわれておりますように、例えば電子の質量の１３７倍を単位にして、他の粒子の質量をはかってみると、整数倍に近くなっている場合が多く、そうでない場合でも上記の単位の½倍の整数倍に近くなっているように思われます。そういうことに、どういう深い意味があるかということは、私どもにもまだわからないのでありますが、とにかく何も正確に整数倍に出てこなくてもいいので、何かある一つの基本的な法則から出てくる質量が実験値に近いというだけでもよいのであります。それより細かいところは、いろんな粒子の間の相互作用によって補正項として出てくるでありましょうから、キチンと合わなくてもいいのであります。しかしキチンと合わなくてもいいということになりますと、またいろんな説が出てきまして、どれが一ばんいいかということが、わからなくなります。

それにしても寿命の比較的に長い粒子だけが実際自然界に存在し、その質量の間の規則性がはっきりして、それに基いて、一応何かまとまった理論ができるという見込みがあるとしますと、理論の側から見ますと、やりやすいのであります。これに反して、もしもわれわれが住んでいる自然界がもっと複雑で、もっと短い寿命の粒子が沢山あり、観測にはかかってきませんが、いろいろな点で考慮しなければまとまった理論にならないとしますと、これは非常な天才を要するのであります。さらにまたさきほど申上げましたように、中間子や核子の関係しております相互作用というものは、非常に強く、かりに根本法則を何かの方法によって見つけ出したとしても、それを解いてゆけない。これを解くのに、通常の摂動論を用いてはならないとすれば、計算の点からも非常な天才を要する。どちらの点から見ましても、今後の素粒子論の躍進ということには、非常に大きな困難をともなっておるに違いない、しかしそれだけにやりがいのあることに違いないのです。

私が今まで述べてまいりましたことは、要するに素粒子論が一九二七年ごろから、だんだん発達してきた、主な流れにそうてお話してきたのであります。私どもの頭の中にはいろいろな固定した観念がたくさんこびりついておるのでありまして、そういうこびりついている観念のいくつかをとりのぞいてしまわねば、ほんとうの理論というものが、どんなものかということを見通すことはできないのかも知れません。しかしそういう固定観念を、私自身のように比較的長い間研究して来たものの頭からとりのぞくということは、実際に、非常に困難です。もっと新進気鋭の方々、そういう固定観念のあまりたくさんこびりついておらないようなフレッシュな頭をもっている方々が、どんどんと新しい考えをお出しになるということを、私は非常に期待しておるのであります。こういう新しい立派な建物ができたということが、そういう新鮮な研究がどんどん出てくるのによい刺戟になることを、一ばん私は望んでおるものであります。

非常に簡単でありますが、この辺で私の話を終ります。

〔本稿は、京都大学植物園内に設立された湯川記念館の三階講堂において一九五二年七月二一日に行われた開館記念講演の速記に、湯川博士自身が手を入れられたものである〕

（一九五二年一〇月号）

# 素粒子論はいずこへ　会議が終って

国際理論物理学会議も無事に終った。といってもそれは表面上の話であって、出席した人達の心の中まで無事平穏であったとしたら、こういう会議を開いた意味はない。素粒子論という学問は表の構えは一応できたように見えるが、裏へまわって見ると隙だらけである。素粒子論はもともと電子の理論と電磁場の理論とを母胎として生長してきたものである。電子と電磁場の相互作用の問題が量子電気力学という理論体系の成立によって一応解決されたように見えるが、これとても実験事実と充分よく一致する結果を導き出す方法を提供してくれるという意味で、われわれは現在の量子電気力学の価値を認めるのである。Lorentzの古典的な電子論の時代から発散の困難は段々形をかえてはきたが、依然として残存しているのである。物理的に見て直接観測にかからない量であるからといって、勝手に無限大を寄せたり引いたりするのでは、余りにも現実主義的で、もしもそれで満足しなければならないとすると、理論物理学などという学問の存在価値は大分低くなる。それは極端にいえば応用数学にすぎないことになる。数学を比較的よく知っている人達が、実験家のために結果の整理をしてあげるという位に軽く考える方が穏当だということになる。

一九世紀及びそれ以前には、そういう謙虚な態度が恐らく唯一の正当な態度と思われていたであろう。二〇世紀になってから、理論物理学は少し思い上りすぎたのかも知れない。量子論や相対論のようなわれわれの物の考え方に根本的な影響を及ぼすような新しい学説が、そう度々出てくるものでないことは確かである。実際素粒子論という学問は、量子力学と相対論の根本の考え方はそのままにしておいて、この両者を融合することによって、いろいろな素粒子の振舞が正しく記述できるであろうという見透しをもって発達してきたのである。中間子のような新しい対象が取り上げられることによって、素粒子論は拡大し発展した。しかしその場合にも量子力学と相対論の根本原理はどちらもそのまま生かされていた。量子電気力学の場合には、それらを生かしておいて――というよりもむしろその両方の特質を充分発揮さすことによって――驚くほどに実験事実とよく一致する結論を引き出すことができたのである。

ところが、中間子理論の場合には事情は全く違っていた。原子核や宇宙線に関係するいろいろな現象に対して、中間子理論は自然で簡単な説明を与えてきた。最初の単純な仮定はいろいろと修正する必要があったけれども、ともかくも中間子理論からの予想は、次々と実験によって裏書されてきた。定性的な説明で満足する段階では、これで万事よさそうにさえ思われたのである。ところが、一歩定量的な実験との比較という段階に足をふみいれると、至るところでぼろが出てくる。量子電気力学の場合に成功した新しい方法を使っても、結果はよくならないばかりか、簡単で且つ定性的に成功した説明の仕方自身が、怪しくなってくるのである。この数年間、理論物理学者の多くは、新しい量子電気力学に非常に満足すると同時に、中間子論に対して極度に失望し、必要以上に疑惑の眼を向けてきたのである。極端にいえば「狭い意味の電気的磁気的現象に対しては、われわれはこれ以上改良の余地のない完全な理論をもっているが、核子や中間子をふくむ諸現象に対しては、われわれは全然理論をもっていない」という意見が勢力を占めていたように見える。そこには確かに一面の真理があった。しかし問題は、「何故に量子電気力学の成功が、中間子論の同様な成功へとわれわれを導かなかったのか」「何故に中間子論が定性的な説明法の段階から、精密科学の名にふさわしい理論体系へと飛躍できないのか」という点にある。

この問に答える手がかりは少なくとも二つある。一つは中間子と核子の相互作用が、電磁場と電子の相互作用にくらべて、はるかに大きいことである。後の場合には相互作用の強さを規定する微細構造常数 $e^2/\hbar c$ が $1/137$ という小さい値をもち、従って基礎方程式の解を $e/\sqrt{\hbar c}$ の冪(べき)級数の形に展開し、級数の初めの二三項を取ることによって、近似解が得られたのに対して、前の場合には相互作用の強さを規定する常数 $g^2/\hbar c$ が1の程度であり、場合によっては1より大きくなり得るが故に、冪級数に展開するという方法の信頼度が非常に低くなる。中間子論に立脚した定性的な説明は、冪級数の最初の項だけを取りそれに尤もらしい数値を入れることに相当しているから、もしこういう弱結合の方法がよい近似を与えないなら、定性的な説明自身が疑わしくなる。実際Wentzelが提唱した強結合の理論では、相互作用常数の逆冪に展開して、最初の二三項を取るのであるが、それから出てくる結論は通常の弱結合の場合とは非常に違っている。ところが残念なことには、強結合の理論からでてくる結論の多くは、実験と定性的な一致さえ与えないのである。Tomonagaの中間結合の理論は、弱結合でも強結合でもない場合の解を求める方法を提供してくれた。しかし残念なことには、相対論的に取扱うことが非常に困難で、そのために現在の中間子論の困難の中で、どれだけが基礎方程式の解の近似が悪かったためのものであるか、どれだけがもっと本質的な困難であるかの正確な判定がいまだにできないのである。

この判定をしようと思うと、結局非線形方程式をどうして解くかという数学的な問題と正面から取り組まねばならぬことになる。ところがこれは途方もなく難しい問題である。極く簡単な非線形常微分方程式でも、大抵は解が見つかっていない。まして場の理論にでてくる非線形偏微分方程式となると、本当の解がどんなものか見当がつかぬ。そこで止むなく相互作用が弱いとして解を級数に展開して、初めの二三項だけで満足するというのが、上に述べた弱結合の方法である。もしも初めの二三項だけで止めておかずに、もっと先の項まで求めていったら、いくらでも本当の解に近づけるのならば、弱結合の方法も捨てたものではない。ところが実際は級数の収斂自身が頗る怪しいのである。勿論前にいったように、発散の困難は級数に展開した時の一つ一つの項に既にあらわれているが、それらの発散を処理してしまっても、あとに残る級数自身が収斂しないことになると、結局本当の解は何か、果して物理的に意味のある解があるのかないのかわからないことになる。

以上は現在の場の理論、もっと詳しくいえば局所場の局所的相互作用の理論が正しいことを一応仮定した場合の話である。正直にいえば、現在の理論が根本的に正しいかどうかの絶対的な判定はないのである。何故かといえば、数学的に厳密な解を求めることがほとんど不可能だからである。非線形方程式が解けないだけでなく、場の量子論では非線形方程式自身がただの偏微分方程式でなく、演算子に関する方程式と見直さなければならないのである。非線形理論の重要性を主張することは容易であるが、その主張を実践することは容易ならぬことである。

そんなら反対に、現在の場の理論には、どこか本質的に正しくないところがあるのだろうという立場に立った場合には、どうすればよいのであろうか。先ず考えられることは、局所場の概念はそのままにしておいて、相互作用が非局所的である場合に理論を拡張して見ることである。それによって、今まで発散していた量が収斂することになれば、この方向は大いに見こみがあることになる。ところが、実際はそうやすやすとはいかない。Peierls や Møller などの結論はむしろ否定的で、非局所的相互作用が単一の相対論的に不変な形状因子の導入を意味する限り、収斂性、局所的理論への対応、因果律の保存等の幾つかの条件を同時に満す形状因子は存在しないらしい。そこで更にこの方向に一歩進んで、場自身が非局所的である場合を考えると、それは種々の質量やスピンをもった局所場の混合と同時であることが示される。そして従来の混合場理論と異なるのは、第一にそれらの場のもつ質量のスペクトルが、素粒子の内部構造に関する四次元的な固有値問題の固有値として出てくることであり、第二に場の間の相互作用が非局所的であり、しかも形状因子が質量の固有値に対応する固有函数から一義的に定まることである。この場合個々の固有函数は相対論的に不変である必要はないから、固有値問題を適当に選べば、個々の形状因子が収斂性の要求を満し得ることになる。これらについては既に『科学』の昨年五月号及び本誌の昨年一一月号で論じた。

しかし非局所場理論には、非局所相互作用の理論にはなかった新しい困難を伴っている。それは四次元的固有値問題に常に附随する**無限次の縮退**の問題である。あらっぽくいえば、四次元的に不変な量は、これを最も単純な形に分解すると、そのおのおのが互いに符号の反対な空間的成分と時間的成分の和になり、従って不変な量のある値には、一般に無限に多くの空間成分の値と時間成分の値の組合せが対応することになる。質量の一つの値に対して、無限に多くの空間的量子数と時間的量子数の組合せが可能なのも、その一例である。この無限次の縮退を如何にして取除くかについては、確かな見透しはないが、恐らく次の二つの手段のどちらかが必要になるのではなかろうかと推定される。

第一の手段は素粒子の内部構造に対する特殊相対論の要請を捨てて、これを適当な他の要請でおきかえることである。例えば Pais が最近提唱した**オメガ空間の理論**は、相対論的四次元空間を二次元の球面で置きかえた場合と見做すことができる。このような変更には大きな任意性があり、その中から正しいものを選び出すには、最近数年間に次々と発見された$\pi$（パイ）中間子よりも重い種々の不安定粒子の性質をどの程度まで統一的に記述し得るかという点に重点をおかねばならぬことになる。すると今度は収斂性の問題は一応おいてきぼりにならざるを得ない。何故かといえば、内部空間が外部空間とあるつながりをもっていなければ、局所的理論の発散積分はそのままの形で、新しい理論に受けつがれることになる他ないからである。ところが、内部空間と外部空間の構造が違っている場合には、非局所場理論の場合のような内外の結びつけは非常に困難になる。これがどのようにして可能かということの見当は今後に残された大きな課題の一つである。

第二の手段は内部構造に対する特殊相対論の要請はそのままにしておいて、量子力学の諸原理の中のどれかを変更することである。この種の試みは既に Dirac によって、局所的理論の枠内でなされた。最近では Okayama の研究もある。従来量子力学的状態函数は Hilbert 空間におけるベクトルとして数学的に規定されてきた。Hilbert 空間は無限次元の Euclid 空間に他ならぬ。その計量は正確定であった。Dirac はこの空間を計量が正確定でない空間で置きかえることを試みた。そうすると状態函数の絶対値の二乗が量子力学的な確率を与えるという従来の物理的解釈をそのまま使うことができず、負の確率という奇妙な概念を導入しなければならなかった。局所的理論の枠内では、それはどうにもならぬ矛盾と認める他ない。しかしもしも場の理論自身が非局所的となったなら、その物理的意味も量子力学そのままではなくなり、負の確率に類する量が別の形で生かされてくるかも知れない。相対論的な四次元空間の計算が正確定でなかったように、量子力学を相対論と融合さすためには Hilbert 空間自身をも、計量が正確定でない空間に変更することが必要なのかも知れない。もっと物理的に考えると、量子力学的な確率の概念を一般化して、正負いずれの値をも取りうる相関係数の如きものを取扱うことが必要になるのかも知れない。これらは現在のところ、全く単なる想像の域を脱しないが、いずれにしても量子力学の諸原理のどれかを変更するという方向には数多くの可能性があり、特殊相対論そのものに変更を加えることより容易であるように見える。勿論それがどちらが正しい方向であるかを、決定する根拠とはなり得ないではあろうが……。

（一九五四年一月号）

# 理論物理学の伝統について

わが国の学問芸術をふくむ文化全体としてみると、そこに長い、そして立派な伝統があることは確かである。しかし伝統といっても、自然科学だけにかぎるならば、明治以後、八〇年以内のことなのであるから、たとえばヨーロッパにおける学問の伝統とか、わが国における芸術のいろいろな分野における伝統というようなものとは、長さの点では到底比較にならない。

ところが科学のいろいろな分野のなかでも、私の関係している理論物理学とか、原子物理学とかいう方面は非常に進歩が早く、二〇世紀になってから理論物理学はまったく面目を一新したのであるから、二〇年、三〇年という短い期間でも、他の分野における五〇年、一〇〇年に相当する伝統を認めてもよいのではないかと思う。二〇世紀前半の五〇年の間にさえ、前後ふたつの時期の間に大きな違いが見出される。

一九二〇年代に量子力学がドイツを中心として、ヨーロッパの諸国の多くの物理学者の協力によってできあがり、非常な勢いでその影響力が拡がっていった時代に、新しい理論物理学の伝統が確立されつつあったということができよう。プランクやアインシュタインのような二〇世紀初頭に理論物理学の歴史の中でも滅多に起らない根本的変革をもたらした大学者たちは、それぞれ個人として偉大であったが、多くの協力者をもつには到らなかった。コペンハーゲンのボーア、ゲッチンゲンのボルン等はその後を受けて、多くの若い理論物理学者を鼓舞し、育成してゆくことによって、新しい伝統をつくるのに指導的な役割を果したのである。

わが国では一九二〇年代の終り頃に、ヨーロッパから帰ってきた新進の物理学者たちが、そういう新しい伝統の種子を日本に蒔く役割をしたといえるであろう。一九三〇年代になって、原子核・宇宙線に関する研究が物理学の主要問題となるに伴って、理論物理学の新しい伝統が日本でも根を下ろすことになった。それにはもとの理化学研究所の仁科研究室が、その新しい芽を育てるのに非常によい温床の役割を果してきた。そして、理論物理学者の数が比較的少なかったという理由もあって、それぞれの学者が新しい伝統のなかで充分個性を伸ばしていくことができた。

ところが、戦争が終った一九四五年ごろから事情が非常に変ってきて、それ以後数年のあいだに、広い意味の素粒子論に関係する理論物理学者の数が非常な勢いで増加してきた。それまでの、個人主義的自由主義の色彩の強かった伝統を、そのままもちつづけてゆくだけでは、数多くの理論物理学者が全体としてもっとも有効に学問の進歩に貢献することはむずかしくなってきた。個々の学者よりも、むしろ各研究室、もしくは研究室のなかの何人かのグループが、研究を推進する主体となってきた。そういう大きな変化を受けた結果として、今日のわが国の理論物理学には、伝統という言葉のもつ古い感じとは、非常にちがった、新しい要素が入ってきていることは否定できない。

しかし科学のいろいろな分野のなかでも、とくに理論物理学のように、個々の学者の思索のなかに創造的進歩の根元が見出されるような学問の場合においては、前にいった個人主義的自由主義的要素も、これまたいつまでも大切に保持されていかなければならない。それとともに、グループ中心の協同研究態勢といったものとがどのようなしかたで共存し、互いに助け合って、新しい形での伝統を健全に発展させていけるかという問題には、実はまだほんとうの答がでておらないのではないかと思う。

私は三年前に日本に帰ってきて以来、京都大学の基礎物理学研究所の所長という立場からも、終始この問題を考え続けてきた。私は基礎物理学研究所のようなところが、当然新しい意味での伝統を育てあげてゆく場所の一つであるべきであると思っている。そうしてそれが私に課せられた重要な任務の一つでもあると思っている。そういう任務が果せるための、どうしても必要な条件は、私自身が勉強するということである。少なくとも、落着いて思索する時間を見出すことである。それができないことが私にとって何よりつらいことである。

（一九五六年五月号）

## 将来計画の意義

私は、本日の討論の対象の一つとなっている原子核将来計画が、学問全体からみて、また今後日本にとってどういう意義をもつであろうかということにつきまして、私が平生考えておることを申上げたいと思います。私の申しますことは、必ずしも原子核研究者の意見を代表しているとは限らないかも知れません。多くの原子核研究者と同じ意見のところもありましょうし、違うところもあるでしょうが、そういうことをお含みの上でお聞きとりねがいたいと思います。

今から二年あまり前、一九五八年の夏から秋にかけましてヨーロッパであったいろいろな国際会議に出席いたしまして、そのときにイギリス、フランス、イタリア、ドイツなど、いろいろなヨーロッパの国々の基礎科学の振興、とくに原子核とか素粒子とかいう方面の基礎科学を推進するために、非常な熱意を示しつつあるということを知りまして、もしもわが国がそのままの歩みを続けていったならば、遠からずして基礎科学の多くの分野で第一線から落伍してしまいはしないかという取り越し苦労をいたしました。

それで帰ってまいりましてからも、機会あるごとにそういう点につきまして、みなさまの注意を喚起することに努力をいたしてまいりました。

幸いにして私と同じような心配をされる研究者の方々が何人もありまして、学術会議でも第二七回の総会で、基礎科学の推進についての声明を出されたのでありますが、それ以後とくに原子核研究に関する将来計画について具体的な案をまとめる努力がなされてまいりました。そしてこの二年の間、原子核研究者の間で非常にたびたび討論されました結果、ただいまお手許にまわっておりますような原子核将来計画が、検討に値する案であると原子核特別委員会で判定されるところまでまいりましたわけです。このあと藤本さん、北垣さんなどから、この案のくわしい内容につきまして、またそれに関係した研究体制につきましてお話があると思いますが、今までの基礎研究の常識からみますと、いろんな意味で非常にスケールの大きな計画になっております。したがって私ども原子核に関係する研究をしておりますものとしましては、こういう計画を遂行することに十分の意義があるばかりでなく、実際これが実現できる十分の自信、十分の論拠をもつようにならなければならないのであります。現在、原子核特別委員会ではそういう点を検討中でありますが、私は私なりにこういう計画自体、十分に意義があるものであるということを申上げて、みなさんの御参考に供したいと思います。

一口に基礎科学と申しましても、いろいろな分野があります。そしてそれぞれの分野い方もできるでありましょう。またそれは時期といいますか、あるいは世代というものが違っているのだというふうないい方もできるであろうと思います。そしてそれに伴いまして、そのあらわれている形態も違っていると見ることもできると思います。人間の成長は若いものがだんだんと年をとっていく。現在に時点をとると多数の人間の中に青年もあれば老人もある。人間の一人一人はやがて死んでしまうけれども、科学の方は、全体としても、またそれぞれの分野にしても、そう簡単に死んでしまうことはないのでありますが。学問の方が人間よりはるかに永生きするのでありますが、しかし年とともに、いろいろと形が変わってゆくことに変わりありません。ただし一度、年をとったようにみえても、また若返ってくる場合があります。昆虫が変態をすると似たことが学問では時々起るのであります。

物理学の中で、特に原子核物理学部門だけについてみましても、またその中の各分野でいろいろと段階、あるいは時期、あるいは形態が違っているのであると思います。ですから、ある分野が年をとってきたから、もう先の見込みはないというふうに即断することは、どういう分野についても非常に危険なのではないかと思います。むしろ若がえるチャンスがあったら、それを見のがしてしまわないように気をつけることが大切であると思います。

原子核研究が、細かく枝分れしている基礎科学の全体、自然科学の全体の中でみまして、非常に基礎的な地位を占めているということは、いまさら申上げるまでもないと思います。私どもがそう申しますと、それは我田引水のようにしかきこえないかもしれませんが、しかし原子核物理学が自然科学全体の中で、なにか芯になる、幹になる、あるいは根になる部分として、これから先もどうしてもそれを抜きにするわけにいかないということは、私が申上げなくてもみなさんが十分納得しておられることだと思うのであります。ところで原子核物理学というのは、実は二〇世紀になりましてから発達してまいった比較的新しい分野でありますが、その発展が幸か不幸か、少し急速すぎたのであります。特に私たち日本人にとって困ったことには、ますます巨大な施設、ますます多額な経費を必要とするという形にとめどもなく発展してまいったのであります。アメリカとかソヴェトというような強大な国は別としまして、その他の国々では、原子核物理学についての本格的な本筋の研究を続けていきたい、落伍したくないと思いながらも、その国の国力からみまして、どこまでやっていけるのか、やってよいかどうかという悩みを、どこの国の物理学者も経験し、深刻に悩んできたに違いないと思うのであります。

私たちも今までそれと同じ悩みをもってきたのでありまして、今日もなおまだそういう悩みをもち、科学者としての願望と、国民としての節度の板ばさみになりながら、やはり原子核や素粒子の研究の本筋を本格的にやることをやめてしまいたくない、そこから落伍してしまいたくないという非常に強い気持ちをもちつづけているのであります。これと非常に違った考え方としましては、非常に巨大な施設、巨額の経費を必要とするような研究はすくなくともしばらくは見送っておきまして、なんとか別のやり方で原子核研究を進めていくということに割り切ってはどうか、という考え方もあると思うのであります。しかし私自身はそういう考え方には、なかなか賛成できないのであります。というのは、しばらくの間そういうものを見送っておりまして、あとになってまたそれをやりはじめようとしますと、いよいよそれは困難になるばかりであるからです。永久にそれをやめてしまうということはなおさら耐えられないことであります。

この戦後、今日までの一五、六年の間の状況をみますと、原子核の研究者は日本の国情と見合わせまして、自分たちの願望、こういうことをぜひやりたいという願望を相当自分で制限いたしまして、非常に控え目な計画をたて、それを着実に実現してきたといってよいと思います。私どもの願望として特に強かったのは、戦後一〇年以内にすくなくとも$\pi$(パイ)中間子を人工的につくり、それについての実験をするということでありました。しかしそのためには当時としては相当巨大な施設が必要だったわけでありましたので、それは辛棒いたしまして、六〇〇〇万ボルトまでの小型の加速器をつくり、中間子の方は一応断念し、原子核の研究を着実にやってきたようなわけです。今年の中には核研の七億五〇〇〇万ボルトの電子シンクロトロンができますから、中間子の研究もおくれればせながら、ようやくできることになってきました。しかし、この電子シンクロトロンは元来、それを使って中間子に関する実験をすることよりも、むしろ将来のもっと大きな加速器への一つのステップとして、より大きな意味を持ち得るであろうと考えられてきました。

そんなわけで、日本の研究者がそういう自己制御、自己抑制を続けております間に、世界の主立った国々では計画がもっとずっと先へ進んでゆきました。もしもいつまでもわが国の研究者だけがそういう自己抑制を続けていったとすると、結局、永久に新粒子をふくむさまざまな素粒子についての本格的な実験をする機会は再びめぐってこないのではないかと心配されるのであります。そしてまた、わが国の国情からみましても、私たちがもうすこし大きな計画をつくって、それについて十分に検討を重ね、十分自信をもてるようになったならば、それを原子核研究者以外のみなさまにも知っていただき、その実現に協力していただいてもいいのではないかと思うようになったわけであります。すくなくとも私自身はそう思うようになったのであります。

それならば、そういう大きな加速器をつくる具体的な計画はどういうものであるか、現在までにいろいろ議論された結果、検討に値する案としてどういう案ができているかということにつきましては、北垣さんから具体的なお話があると思いますので、私は一体そういう加速器の設備ができることによりまして、どういう研究ができるのかという点について簡単にお話したいと思います。ここで原子核や素粒子の物理学の内容にくわしく立入る時間はありませんが、一口に申しますと、今日および今後五年なり一〇年なりの間の原子核物理学の研究は、大きく分けまして、次の四つか五つぐらいに分類できると思います。

一つは、今日低エネルギー原子核物理学といわれておる分野でありまして、それは数十万ボルト程度以上、一億ボルト程度以下のエネルギーの粒子を利用いたしまして、原子核――最近は核物質という言葉がよく使われますが――の研究をする。このエネルギー範囲の加速器は日本でも、戦前から数多くつくられていますが、戦後は原子力への応用面がでてまいりますと同時に、基礎研究としてまだまだやるべきことがたくさんあることがわかってきました。

二番目は現在、高エネルギー物理学といわれておる方面でありまして、数億ボルトから数百億ボルトというような大きなエネルギーの粒子を利用いたしまして、素粒子の研究をするのでありますが、今日では素粒子といいましても非常にいろいろなものが知られておりまして、数億ボルトのエネルギーの粒子を使って研究できる核子――中性子と陽子――や中間子というような比較的に古くから知られている素粒子から、数十億ボルトのエネルギーを与えないとつくりだせないいろいろな新粒子――重い中間子とか重い核子とかいわれるようなもの――それからさらに進んでμ（ミュー）中間子や、中性微子の本性をもっと深くきわめるための研究へと、高エネルギー物理学の研究対象はいくらでもあり、しかもそれが物質世界の芯とか根とかいえるものにつながっているのであります。したがってこの方面の研究はそれ自身として本質的な意義を持っています。そればかりでなく、中性微子のように現在まで十分研究されていない素粒子が、宇宙の構造や進化に深い意味をもっているのかも知れないのでありますが、そういうことはまだほとんどわかっていないのであります。

いずれにしましても、今日の原子核物理学の中心は、そういう数億ボルト、数十億ボルトというような粒子を利用してさまざまな素粒子を研究するというところにあるわけであります。この領域の研究はまだ研究しつくされているとは到底いえないのでありまして、もしも現在よりもずっと程度の大きい、つまり今日よりずっと多くの高エネルギー粒子をつくり出して、それを使って、もっと精密な実験をするとか、滅多におこらないような現象をつかみ出すということをすれば、まだまだ重要な発見がなされる余地は十分あると思われるのであります。今度の原子核研究将来計画の中の一番中心となっておりますのは、今までよりずっと多数の一二〇億ボルトのエネルギーの粒子をつくる加速強度の大きな加速器をつくることでありますが、それを何に使うかという当面の目標も、上に述べたところにあるわけであります。

さらに三番目の分野としましては、それよりもさらに桁ちがいに大きなエネルギーの領域で起るいろいろな現象の研究がありますが、これは今日まで宇宙線によって引きおこされる現象の研究を通じて行なわれてきたのであります。宇宙線の研究の将来は一体どうなるのかという点の見通しは大へん困難であります。宇宙線に関する研究は素粒子の研究にとって、過去においては決定的な意味をもっておりました。今日まで知られます新しい粒子、今では新粒子とは呼ばれないが、その当時それぞれ新粒子と呼ばれてきたもののほとんど全部が、最初は宇宙線の中で発見されたのであります。しかし今後はむしろそういうことではなくて、あるいは宇宙物理学的な方面の研究のほうに主力をおくべきだというのが宇宙線研究者の多数の意見となりつつあるようですが、私は必ずしもそうはいえないと思っているのであります。宇宙線の中にはわれわれが実験室の中では当分、実現しえないような大きなエネルギーの粒子が含まれているのでありまして、そこから私たちに思いがけないような現象が――それは必ずしも新粒子という形ではないかもしれませんけれども――見つけだされる可能性がいつも残っているのであります。なかなか極めつくせないところのものをもっているのであります。したがって宇宙線の研究は、原子核研究全体の中で今後もやはり重要性を失なってしまわないと思います。

それからそのほかにどういうものがあるかといいますと、分類としましてはもう一つ非常に低いエネルギー、極低エネルギーの原子核物理学というものが考えられるわけでありますが、これは一応この計画からは切り離してよろしいと思います。これは熱核反応とか核融合とかプラズマの研究と関係しており、また天体核現象の研究を通じて宇宙物理学につながるわけでありますが、これは一応別に考えてよいと思います。

最後に原子核研究計画の中にどうしても含めておかなければならないのは、そういう原子核、素粒子すべてに通ずるところの理論物理学、基礎理論の研究であります。大体この原子核研究というものの一番大きな意義は、その中に基本的な意味で未知なものがあるという点にあります。未知であるということは、そこからわれわれがまだ理解できないもの、思いがけない新しいもの、新粒子という形であってもなくっても、とにかく新しい現象がとり出される可能性、また同時にわれわれが理解していないものが含まれていることを意味しています。一口に申しますならば、私たちはまだ、原子核や素粒子の分野では信頼すべき基礎理論、根本原理というものを知っているとはいえないのであります。最近まで、理論物理学は幸いにして大きな設備と多くの予算を必要といたしませんでしたので、わが国では戦後も非常にさかんに研究が行なわれてまいりました。しかし今後は、もしもこの原子核研究将来計画が実現されることになりまして、十分な設備と経費を使って実験ができるようになりましたならば、それに伴って理論の方も飛躍的に進むためには、私たち理論物理学の研究者として、大いに考えなければならないような問題がたくさんあるのであります。

ここで私は一々くわしく申上げる時間はありませんが簡単に問題点だけを申しますと、

今後は理論物理学の研究といえども、経費がいらない、あまり金がかからないといってすましてはおられなくなるであろう。例えば大型の計算機が必要になるでありましょう。それからまた、私たち理論物理学の研究者のありかたが問題となります。

というのは、実験的な研究と非常に密着して研究を進めてゆく人々と、そういうものにあまり強く影響されすぎずに、自分たちの独自の考え方を発展させてゆく人々に、ある程度分かれるでしょうが、それがはなれてしまってはいけないし、また一方だけに片よってしまってはいけないのであります。そういうわけで、この機会に今後の理論の研究者、理論のありかたはよくよく考えておかなければならないと思います。そしてさらに理論だけでなく、実験、理論全部を含めまして、また研究者個人のありかただけでなしに、原子核研究者がどういうふうな組織の下に研究を進めてゆくべきか、つまり研究体制の問題も、一緒に考えていかなければならないのであります。

さきほど申しましたように、学問のそれぞれの分野は、現在それぞれ違った段階にあり、その世代、時期、形態もいろいろ違っているのでありますが、しかし、元来科学は一つのものでありまして、それを全体としてみますというと、今日はとくに強い意味で大きな過渡期にあるのだと思います。たまたま原子核研究の場合におきましてそれが特に強く、またはっきりと現われているのだと思います。今までの常識の枠の中に入り切らないような巨大な設備が必要になり、大きな経費が必要になってきたり、多人数の人の協力が必要になってきたりしているということは、たまたま原子核研究の場合につよくあらわれておりますけれども、しかしほかの方面でもそういうことは起らないとはいえないのであります。時期がくればほかの方面でもそういうことがおこってくるかもしれないし、またそこまで極端でない形で、もうすこし穏やかな形で現在考えなければならない問題が出てきているのではないかと思います。

それをもっと乱暴な言葉で申しますならば、すくなくとも自然科学はいろいろな意味でなにか大きく再編成をしなければならないような時期に近付きつつあるといえるのではないかと思います。私たちが希望いたしますことは、今度のような原子核将来計画というものが出てまいりまして、そういうものについての検討をしてゆくことを通じまして、他の方面の方にも考えていただく問題を提供できるのではないか、またそれによりまして自然科学全体としての進歩に貢献できるのではないか、そのきっかけになり得るのではないか、と考えているのであります。そうだとすると、私たちのこういう計画も、ただ原子核物理学を進歩させるということだけでなくて、それ以上の意味をもち得るのではないかと思うのであります。

（一九六一年四月号）

## 物理学の老化と若返り

最近数十年間の物理学の進歩はいちじるしいものがあり、特に戦後はますます華やかな存在となったのですが、実際はどうか。私には、物理学はたいへん危険な状態にあるように見えます。現在すでに相当はなはだしい老化現象が起っているように思われます。自分が年とってきたから学問も老化したと思うのではないか、それははなはだけしからんことだ、というお叱りを受けるかも知れません（笑声）。しかし、どうも私が年とってきたからそう見えるのではなくて、実際に老化現象が起っていると判断すべき理由があるのです。

それは一体どういうことかと申しますと、物理学という学問では、物質とエネルギーが研究の主な対象でありました。物質に関係しているか、エネルギーに関係しているか、いずれにせよ、広い意味でのサブスタンスがいつも考えられている。物質やエネルギーの本体は何かとか、物質の構造とか、エネルギーのいろいろな形の間の相互転換とか、あるいはそれと関係した万有引力とか、電磁的な力とか、核力とかいうような自然界にあるいろいろな力、そういうものをどこまでもより基本的なレベルへ還元してゆく、こういう行き方が物理学の本道である。例えば物質構造については、原子から原子核へ、原子核から素粒子へと深まって行くのが本道だと思って、私たちは研究をしてきたわけです。この本道はまだ続いているのでありまして、われわれはまだ素粒子を完全に理解してはおりませんし、素粒子の次の段階はいったい何か、ということも知らないのです。ですから、まだ決して袋小路のつきあたりまでは来ていないわけです。

しかし、物理学の未来について考えて見ますと、今までの本道がいつまでも本道でありつづけるものかどうかということは、大いに問題だと思います。私は、十数年前からこの点について、だんだんと深刻な疑いを抱くようになってきたのであります。これを生物の進化の場合とくらべて見ますと、よく似たところがあり、また大いに違ったところもあります。ある学問、たとえば現在一番はなやかに見えている原子物理学、今まで物理学の本道だと思われてきた分野についても、それがいつまでも本道だと思うのは、あたかもアメーバか何かの下等動物からだんだんと進化してきて人間になったと思うのと、果して同じようなことだろうか。どうも生物の進化の方は、そんな風な一本道を進んで、人間が生まれてきたとは言えないのです。進化というものは、もともと本道らしいものからいろいろと枝分かれして、枝道だと思っておったものが先へずんずん伸びて行き、まっすぐだと思っておったものは、やがて停滞してしまうことが多いのです。またその枝道がさらに別の枝道へ分かれて、そちらのほうがどんどん伸びてゆく。いったいどこで何が枝分かれして、どれが人間になるか、あるいは人間以上の何ものかになるかはあらかじめ知ることが困難であります。今日までの物理学については、話は比較的簡単ですが、これから先の学問については、進化の場合と同じようなことがありそうに思われます。

今日までの学問の進歩を見ますと、デモクリトスの昔から今日の素粒子論に至る道が物理学の唯一の本道であったように見えます。そう思って私も一生けんめい勉強してきたわけでありますが、さて、それが果して今後も本道でありつづけるかどうか。もちろん、そう思いたい人は、それを本道だと思ってもかまわないのであります。何が本道であるかという判断には、相当主観が入ります。自分に都合よいように解釈する余地がいつでも残されています。しかし、もしもこれから先はどのような方面が大きく発展していくものか考えてみますと、そういう主観を超えたものがあることを予感せざるを得ないのであります。さきほど湯浅光朝さんが話された（「科学における分化と綜合の歴史的展望」という講演）中に、将来科学という大きなものがありましたが、それがいったい何であるかということについては、それぞれの人が多かれ少なかれ違ったイメージを持っているのでありましょう。私はなるべく独断的なことは申しあげないつもりでありますが、しかし、きわめて明白なことが一つあります。それは、さきほど私がくりかえして申しております物理学の本道だと思われておったもの、つまり物質とエネルギーの根源からさらにもっと奥深い根源へと入っていく道筋についてですが、そこでの今までの私たちの経験では、より本質的な、より簡単なものを見つけ出す、単純であるけれども一般性をもった法則がそこに見出されるということ、そしてそれにもとづいて、より少数の単純のものから非常に多数の変化に富んだものを構成してゆくということ、そういうことに今まで成功してきたのであります。実際、素粒子論の現状は、メンデレーフが周期律を発見した頃に似ているのでありまして、元素がたくさん見つかったように、素粒子が何十種類もあることになって困っております。

しかし、私たちは次の段階では、もっと根源的な実体——実体とはいえないような抽象的存在かも知れませんが、とにかくより根源的な何物か——に還元することができ、自然界を合理的に、そして統一的に理解し得るだろうと信じています。そういう段階が果して最終的なものかどうかについては、異論があるわけですが、私自身は、たとえ一つの段階だけで終らないにせよ、二段階か三段階かで終ってしまうのではないか、そしてそれはあまり遠い先のことではないだろうという予想を何度も公言し、ほかの物理学者からいつも叱られていたのです。しかし、ほかの人が何と言おうと、私には物質やエネルギーの根源へ向っての探求は、無限につづくものとは思われないのです。何年先きに終るか、もちろんはっきりとはわからないのですが、私は以前には一五年、近頃では一〇年くらいだろうと言っています。そうすると、それは、ちょうど私が停年になるまでに終るという意味じゃないか、とかんぐる人があって困るのであります（笑声）。それは偶然の一致でありまして（笑声）、そういうよからぬことを考えているわけではないのであります。それはともかく、終りがあるとかないとかいう議論は、現在では水かけ論でありますが、だんだんとやることが少なくなってゆくことだけは明白であります。問題の重要性は別として、問題の種類や数が減ってゆくことは確かであります。

ところが現状を見ますと、素粒子の研究者の数が世界的に非常に多いのであります。特に日本では終戦後、実験はあまりできないから理論の人が急にふえ、その後べつに減ってはいないのであります。大いに盛んで結構なのですが、やることは一体どれだけあるのかということになると、誰しも疑問を持たざるを得ないのではないでしょうか。私はこういうことを思いきって言いますが、ほかの人はそう思っていても、はっきりとは言いだしかねているのではないでしょうか。若い人は若い人なりに、中年の人は中年の人なりにそう思っているのだが、自分のやっている専門が老化しつつあるとか、袋小路に近づいているとかいうことは思いたくないし、言いたくもないというのが、実情ではないでしょうか。先の短い中年、老年組は別として、若い人たちは、これから長年にわたって、一体何をやってゆけばよいのかについて、深刻な悩みがありそうに思われるのであります。何年かに一度、思いがけない新しい事実が見つかり、それに伴なって考え方にもある程度の変化が起りますと、急にそれに関連した分野から活気を持つ。大勢の人が急にその分野に努力を集中する。これによって学問が若返る。こういうことは昔からあった傾向ですが、昔はゆっくりしたテンポであったし、専門家の数も少なかった。近頃はそれが非常に急テンポでありまして、非常にたくさんの人が同時に同じ一つの問題にぶつかる。問題があまりない、少なくともすぐに解けそうな問題はそう多くないので、ちょっとおもしろそうな問題がありますと、たくさんの人がそれに襲いかかるのであります。

皆さんよくご承知の例を一つあげますと、リーとヤンという二人が、今まで物理法則に関しては、平たく言えば、いつでも左右の対称性があるといわれていたけれども、そういう対称性が破れているのではないか、そう考えたほうが素粒子に関する現象を理解しやすいのではないかといいだし、それが間もなく実験によって、確かめられたのです。そうすると非常にたくさんの理論物理学者が、この問題をつつきだして、二年くらいの間に何百という論文が出ました。私はこれはつまらんことになったと思って、その大部分は読みませんでした（笑声）。少数の重要な論文は読みましたが、あとは大体おなじようなもので、一体どこが新しいのかわからない論文ばかりでした。そして二、三年すると、このブームは消えてしまいました。これは非常に極端な例のようでありますが、こういうことが近頃くりかえし起ります。なにかおもしろそうなことがあると、みなが一度にかかり、おなじようなことをやる。そして、人がやっていることと自分がやっていることと、どこが違うのかさっぱりわからないが、誰もいちいち他人の論文をチェックしない。そんなことをしていれば、先を越されてしまう。それにまた、新しい問題はそういくつもないから、問題が出た時にすぐやらなければ失業してしまうからです（笑声）。何年も論文を出さずにいると、落伍者になってしまう心配がある。昔はそんなにあせる必要はなかった。一〇年に一回くらい大論文を書けばそれでよかった。誰かが論文をかけば、ほかの人は、それを二、三年かかって悠々と検討し、そのうちに何かまとまった論文を書く。またほかの人がそれを勉強する、という風に、ぽつりぽつりと出てきた非常にいい時代だったのです。今では本当の若返りがむつかしくなってきた。薬の注射で一時若返るが、しばらくすると、もとの年寄りに戻ってしまう場合が多いのです。

ところで、このほかにもう一つ困ることがあります。湯浅さんによれば、現代科学における認識の主体は個人でなくなって、科学者のあるグループ全体になりつつある。さらにまた、意思決定の主体も、社会になり国家になるという傾向が強いとのことです。しかし、私たち学問をやるものの本当の楽しみは、自分が認識主体となり得る点にあります（笑声）。自分が認識主体でなくなり、たとえば一〇なら一〇という知識があるとして、自分はその中の一だけしかもってないとしますと、一だけでは自分はちっとも満足できない。一〇人で一〇の知識を持っているけれども、どのひとりも全体を理解しておらないということになると、それは各人にとって非常に情けない状態であります。未来の社会がそういうものであるほかないとすると、これはどうも面白くないことです。今後の世界の中で、各人がどうすれば認識主体でありつづけられるかは、大いに問題だと思います。それからまた、ある種の科学研究を推進する主体、意思決定の主体が、社会なり国家になってゆく傾向は、もっと極端になりつつあります。と言いますのは、アメリカとかソ連とか、あるいはヨーロッパ共同体というようなものは、非常に大きな組織をつくって大規模な研究をやれるけれども、日本のようなところだと、科学者が仮に三〇〇億円なら三〇〇億円の原子核将来計画を出しても、国家はなかなかそれを認めない。かれこれしているうちに何年もたってしまって、いよいよそういう計画が実現化し、大きな装置が動きだす頃には、そういうものではもはや大した実験はできないという情況になっているかも知れない。ほかのところでは、もっと性能の高い加速器を持ってどんどん先をやっているから、結局あとからついていって、落穂拾いをするのが関の山になるのではないかという、非常に深刻な悩みがあります。それなら、いっそのことやめてしまったらどうかというと、そういうわけにもいかない事情がある。悩みはつきないのですね。つまり科学を推進する主体、意思決定の主体が、ある場合には強大な国家あるいは国家群に限られてしまう。日本は強大国ではなく、地域的にも孤立していますから、物理学の重要な問題のあるものについては、自分の力で解決することが不可能になってまいりました。そういう場合には、個人が認識主体でないどころか、たとえ日本の物理学者がみな寄っても認識主体になりうるかどうか怪しい。少なくとも、強大な国々の学者よりも不完全な知識しか持ち得ないとか、あるいは知識の獲得が遅れるとかのハンディキャップを免かれないことになります。もちろん物理学研究における国際協力は今後もっと進むでしょうが、それだけで問題は解消しないのであります。

このような問題は、さきほど言いました学問の本道は何であるかということと、密接な関係があると思います。素粒子を研究し、さらにその道をまっすぐ進んで、素粒子よりもさらに先のことを研究するのが本筋だと思った場合、それに関する第一線的な実験をしようとしますと、非常に巨大な装置が要るという、日本の物理学者にとっては非常に困る問題が出てきているのであります。一番困るのは実験家であって、私はやりたい実験のやれない実験家に大いに同情いたしますが、理論家の方はそれほど困らない。必要な新しいデータは外国から供給してもらってもよいからです。私たちは今まで、そういうつもりでやってきた。実際、理論物理学は、数学に一番近くて金がかからなかった。理論物理学をやっていれば、自分が認識主体であるという快感を味わうことができた。アインシュタインは、マイケルソンの実験結果を種にして、自らが認識主体となる快感を大いに味わったわけです。ところが、それさえも近頃はだいぶ様子が変ってきました。

近頃の素粒子論はどういうことになっているかと申しますと、いろいろな行き方がありますが、その中で若い人にアピールする行き方と、私のような年輩のものにアピールする行き方とは、大分違ってきているのであります。若い人にアピールする行き方は、高度に技術的であり、高度に抽象的です。そこでは高度のむつかしい抽象的な数学が好んで使われています。若い人はよく勉強しているでしょうが、やはり、そういうむつかしい数学を、十分わからずに使っているのだろうと思います。近頃、盛んに使われている多変数の複素函数論などは、数学の中でも特にむつかしいものらしく、数学者でも手こずるそうですから、物理をやっている人に十分わかっているとは思えません。しかし、ある程度以上はわかってなくてもかまわないのです。今までの理論物理学者も数学を十分よく知らずに使って成功した場合が多いのです。あまりわかると、かえって厳密性にしばられて、手も足も出なくなる。

たとえばディラックという人は、デルタ函数を盛んに使ったのですが、当時の数学者にとってはデルタ函数はナンセンスであった。ところがディラックは、数学者になんと言われようとおかまいなしに使った。そうすると量子力学の体系が簡単にできあがる。私たちもそれで満足していたのです。数学者がなんと言おうと物理の理論としてうまくいけばそれでよろしかったのです。そのあとにノイマンという非常に優れた数学者が出てきて、あとしまつをしてくれました。しかし、数学者が満足するような形にしますと、理論は非常にむつかしくなってしまいます。それにもかかわらず、物理学者にとってわかったことは結局おなじなのです。ディラックがあらっぽくやったこと以上には何もいえない。物理とはそういうものだったのであります。ですから、恐らく素粒子論についても、多変数函数論を物理学者が、数学者と同じ程度にまでわかっていなくてもいいだろうと思います。大切なことは、使えそうなところをうまく使うことです。ところが問題は、今までと違って、数学を使っているという段階から、だんだん逸脱しそうな点にあります。より高度の、より抽象的な数学が役に立つということは、同時に今まで私たちが物理だと思っていたものから、どんどん離れて行かざるを得ないことを意味しています。ただむつかしいだけではなしに、あまりにも抽象的なので、私たちがそれに対する物理的なイメージをつかもうと思っても、なかなかつかめないのです。

若い人にはそのほうがいいのかも知れません。若い人にとっては、昔のことは勉強せずにさっと飛びこんで行けるほうがいいかも知れません。私も昔はそうだったのです。ところが今の私にとっては多変数函数論は苦手です。若い人の説明をきいていると、そうかな、と一応は感心しながらもそれが本当かどうか半信半疑の状態です。それが本当であるにせよ、そうでないにせよ、私自身はもう少し物理らしい素粒子論をやっていきたいと思っておりますが、どちらがどうなるかは、今後の発展に待つほかありません。

先に述べたような理論物理学の最近の傾向は、一面では進化の必然的な方向であるように見えますが、その反面において老化の危険性を持っていることを無視できないように思われます。と申しますのは、問題が非常にテクニカルな色彩を帯び、専門家の立場だけからしか議論できなくなる恐れがあるからです。これはある学問が非常に進んだ結果として行きつく状態で、しかたがないことかも知れませんが、そうなると大多数の研究者が一種のフラストレーションの状態になる危険性が大きくなります。一体自分たちは何をやっているのか、何を問題にしているのか、問題がだんだん煎じ詰められていって、結局非常に抽象化された数学的な関係を見つけ出すことだけに話が落ちつく。物理学者の出発点であった自然界——それに対して最初持っていた具体的イメージから、あまりにもかけはなれてしまっている。行きつく先は何かを考えると、空虚である。壮大なビジョンはない。そう感じるようになれば、それは明らかに老化の一つの徴候であります。これを救うものがあるとするならば、それは、やはり私たちの考え方の根本的な変革による本当の若返りでありましょう。ところで、フラストレーションを起すもう一つの原因として、素粒子論を研究する人が世界的に非常に多いのに対して、やる問題は決して多くないという、いやな事情があります。今後、素粒子論に大きな変革が起れば、問題が一時は大きくふえるでありましょう。しかし素粒子論が将来、無限に発展し、それに伴なって問題がいくらでも出てくるとは思われません。とにかく私たちは目標に近づきつつあります。原子物理学の過去から将来を推測して見ると、どうもそうなりそうに思われます。

今から三〇年以上前に量子力学ができたわけですが、これは物理学にとって非常に大きな転機でありました。そのときと今日とをくらべますと、非常に状況が違います。量子力学という新しい理論体系ができたのは、昔ニュートン力学が成立したのと似ておりまして、非常に広い応用範囲があることがすぐわかり、あらゆる問題——狭い意味の物理学の中の問題だけでなく、化学に関係したいろいろな問題にも、それがどんどん適用され、至るところで成功をおさめたのであります。当時は第一次大戦が終って数年後でありまして、ドイツのような国では目ぼしい実験があまりやれなかったので、理論物理学をやる若い人がたくさん出てまいりました。その人たちにはやることがいくらでもあった。そして実際、たくさんの問題をどんどん解決していったのです。それは非常にみのりの多い時期であり、そこにはフラストレーションは全然なかったのであります。ところが、それ以後は一体どうなっているかといいますと、原子物理学はますます華やかな存在となり、また実際、私たちは非常に多くの重要な知識を獲得したのでありま す。特に全然想像もつかなかったような奇妙な素粒子がいっぱい見つかりました。そしてそれらを見つけたり、よりよく調べたりするための装置がだんだん巨大化してきました。原子力の問題も出てきました。原子力という問題が出てきたことは、社会的に見ますと非常に大きな変革です。しかし物理学の中だけで申しますと、原子物理学という学問の発展の外面的な華やかさに反して、もっと本質的な意味では、混乱と停滞の時代であったと思います。

この点をわかっていただくために、もう一度話を二〇世紀の初めに戻します。その頃プランクとかアインシュタインとかが非常に基本的な新しい考え方を提唱しました。それ以後は、極端な言い方をしますと、それを遺産として相続し、それを元手に商売をやってきたのです。もちろん、その間でも量子力学の成立は、非常に大きな事件でありました。特に、その解釈に確率や統計の概念が入ってきたことは物理学の根本的な性格に深刻な影響を及ぼしました。ですから、二〇世紀の初めから量子力学が成立する頃までが、哲学的な意味でも最も根本的な変革の行なわれた時期であったと言えます。それから以後はこんな大きな考え方の変革はありません。理論物理学としては、形式的な発展以外に、ほとんど何ものもありません。つまり、外面的な華やかさにかかわらず、考え方の面からみますと、恐ろしい貧困があったわけです。この貧困の状態は今日までつづいております。考え方の貧困がありますと、そこでテクニカルな研究が重要視され、そういう方面は非常に発展するわけであります。テクニカルな方面という意味は、普通の意味での技術的な方面だけでなしに、思考技術としての数学の利用という方面をもふくめてのことです。そういう意味で実験・理論を問わず、恐るべき専門家が出てきまして、近寄りがたいような高度の研究をしています。私どものような年輩のものになりますと、そういうものを、一面では大いに尊敬はしますが、同時に物理学が一種の停滞状態を依然としてつづけておるという感じをなくすことができないのです。学問の進歩のテンポの遅かった昔は、老化するのもゆっくりしていました。現在は、それぞれの分野が発展しだすと急激に発展するかわりに、それだけ早く老化する危険が大きいのです。しかし、人間と違って、学問は昆虫のように変態をやって若返るチャンスを持っています。素粒子論の前途にも、私は変態を期待しているわけです。

原子物理学に比べますと、生物物理学などは、生まれて間もない若い学問でありまして、洋々たる前途をもっています。物理や化学だけでなくて生物的な諸科学も含めた、非常に大きな総合あるいは統合がすでに行なわれつつありまして、新しい意味の生物科学には一番大きな未来が約束されているのであります。従ってその全体としては、老化など今から心配する必要はないのであります。おそらく二〇世紀の間に問題が少なくなって困るところまで行ってしまうことはないでありましょう。このように、全体としては、非常に豊かな未来をもっておりますけれども、しかし、その中のひとつひとつの分野を個別的に見れば、老化がわりに早く来る分野があるかも知れません。

そういう取越苦労はさておき、物理学の本道の途中から横道ができ、それが、化学や生物学などといっしょになって、新しい生物科学として発展し始めた。そして将来はこのほうにたくさんの科学者が必要になり、また、そういう方面に進んだ人たちは、フラストレーションを起さずに勉強してゆける可能性が多いでありましょう。

この点は皆さんどなたでも異論がないと思います。そうだとしますと、今からだんだんとそっちの方により多くの人が行くのがあたりまえでありますが、現実はなかなかそうはならないのであります。私はときどき若い人たちにそういうことを話してみたりしますが、非常に反応が弱いのです。ほとんどノー・レスポンスです。皆さん、なるほどそうだろうと思っておられるらしく、べつに反対はされません。けれども、それならばやろうという人は非常に少ないのです。素粒子論を勉強してきた若い人たちの中でも、ごく少数の人だけが生物物理の基本的な問題に興味をもち、また実際素粒子のほうはちょっとやめといて、そっちをやりかけていますが、残念なことには、そういう人に限って、私はなんとかして素粒子のほうに引きとめておきたい（笑声）。非常に皮肉なことですが、そういうことになっているのです。

日本では、いろいろな理由で――私が申しあげなくても皆さんよくおわかりの理由によりまして、自分が今までやってきたことと違うことをやるのは非常に困難です。私自身も違うことをやらずに素粒子論をやっているのですから、他人にお説教することはできないのでありますが、しかし、とにかく最初にやりかけた専門と違った方面に移ることは非常にむつかしい状態にある。ほかの方面の人と話し合いをして、ある共通の問題をとらえ、仕事をしてゆくことは決して容易なことではありません。ほかの国でも、ある程度はそうでありましょうが、特に日本の場合は、アメリカとかヨーロッパ、ソ連も含めていいと思いますが、そういう国々と比べて、より一層困難な状態にあるように見えます。私自身や皆さんの多くは総合大学におりますが、総合大学にいることの恩恵は十分受けているとはいえません。むしろ、ますます分化大学になってゆく感じがします。これはどうかしなければなりません。

私が、学術会議のようなところで、大いにそういうことを大所高所から検討して、学問に対する未来像をいつも頭にもって、学界の動きをいい方向に向けるようにしていただきたい、とかねがね思っていました。そういう意味で、こういうシンポジウムが催されたのはたいへん結構なことだと思います。

（一九六三年三月号）

〔この小論は一九六二年一一月一〇日に行なわれた学術会議主催「科学における分化と総合」に関するシンポジウムにおける講演を加筆訂正したものである〕

# 素粒子論の現状と将来　素粒子論三〇年

一九六五年は、湯川博士による「中間子論」の三〇周年にあたり、これを記念した「素粒子国際会議」が京都で開催された。本文は、その直後に行なわれた日本物理学会年会での講演である。

今年は、長岡半太郎先生がお生まれになってからちょうど一〇〇年で、それは私もよく承知しておりましたが、仁科先生がお生まれになって七五年ということは気がつきませんで、たいへん申しわけない次第であります。仁科芳雄先生は岡山県のご出身でありますので、岡山大学で初めて物理学会の年会が開かれたのでありますから、当然、遅ればせではありますが、仁科先生のご生誕七五年を、この壇上からお祝いしたいと思うのであります。

長岡先生も仁科先生も、日本の物理学、特に原子物理学、原子核物理学、さらには素粒子論、素粒子物理学の発展の礎を築かれた方々であります。先ほど山内恭彦さんのお話にありましたが（「長岡半太郎先生と日本の物理学」）、東京大学で長岡先生が講義をしておられた最後のころ――一九二五年ですか――に、山内さんは講義をお聞きになった。私はその翌年（一九二六年）に京都大学に入りました。ちょうど長岡先生が東京大学を停年で退官された年にあたると思いますが、少しおひまができたのでしょうね、京都にこられまして、京都大学で、学術協会かなにかの公開講演がありまして、大きな教室で講演をされました。私は、大学に入ったばかりでありましたが、お話を聞きにまいりました。「物理学の今昔」という題でありました。私どもから見ますと、長岡先生は、ずっと昔のかたでありますが、しかし、先ほど山内さんがおっしゃいましたように、なかみは非常に新しいと感じました。当時、量子論が量子力学に成長しつつあり、すでにハイゼンベルクの理論は出現しており、シュレーディンガーの理論が出かかっておるというような時期でありましたから、そのへんに触れるようなお話がありまして、私は非常に感銘を受けました。べつに、ほかの先生があかんというようなことは、決していうつもりはありませんけれども（笑声）、もう停年でおやめになるくらいの先生でありながら偉かった。昔は、六〇くらいになると、ものすごい老大家でありまして、このごろは六〇くらいになりましても、まだたいしたことはない。だいぶ平均寿命がのびましたから、それだけ人間も、よう解釈いたしまして大器晩成ということにしておきたいと思うのでありますが、いずれにしても、当時の長岡先生は、大先生であります。

私のおやじのことを申してははなはだ申しわけないのでありますが、私のおやじはやはりカミナリおやじでありまして、しょっちゅうカミナリを落しておる人間でありました。ところが長岡先生に対しては、一目おくか二目おくか、三目おくか、あるいは三舎を避けるというのか、平生、私にもこれは非常に偉い先生だといっておりました。私は、おやじのいうことには、たいてい賛成しないのでありまして（笑声）、またいいかげんなことをいうとると思うておったのですけれども、しかし長岡先生については、どうもほんとうらしいと思いまして、かねがね尊敬しておりましたが、お話を聞きまして、やはりたいへん偉いかただと思いました。近ごろ使わない言葉でありますが、昔は、見識という言葉を使いました。これは、知識でもなければ、ただ見聞が広いというのでもない。西洋には見識という言葉はあまりない。これは漢語でありまして、中国人は昔からさかんに見識という言葉を使ったのでありますが、長岡先生はじつに見識の高い先生だといえば、一言にして尽きていると思います。

いずれにしても、その当時から、長岡先生の影響をたいへん受けたのであります。外国のいろいろな偉い学者の影響を、いろんな形で受けておりますが、日本の学者で、早くから大きな影響を受けたのは、長岡先生であったと思います。

それから、私が大阪大学へまいりましたときには、長岡先生が大阪大学の総長でおられました。しかし、いまの大学の総長と違いまして、じつにらくなものでありまして、まあ、だいたいは大阪大学におられないんですね（笑声）。東京の理化学研究所におられることのほうが多かった。私も、八木秀次先生か仁科先生かのご紹介でお目にかかり、そのうち私一人でときどきお目にかかるようになりましたが、それも理研でお目にかかるほうが多かったと思います。

そのころは長岡先生も七〇歳前後であったでしょうか。私はたいへん幸せな人間でありまして、長岡先生がこわいということは全然ありませんで、いろんなおもしろい話をしてくださいました。私は、こどものときから、だいたい年寄りにかわいがられましたから……（笑声）。私の母親のほうのおばあさん、父親のほうのおばあさん、母親のほうのおじいさん、この三人のどれからもかわいがられました。

長岡先生もだいぶお年寄りになられまして、私もだいぶかわいがっていただいて、こわいということは全然ありませんでした。たぶん人間というものは、一生の間に怒る回数とか笑う回数とか、いろんなものがだいたいきまっているのではないか……（笑声）。若いじぶんにあまりどなったから、年とってくると、もう怒るのにあきて、たいへんやさしくなられたのではないか。私は、自分の父についてもそういうことを感じております。私は若いときにたいへんおとなしくて、あまり怒らなかったですから、これから少し怒ってみようかなどと（笑声）、よからぬことを考えておりますが、そんなことで、長岡先生のおかげを受けておりまして、たいへんありがたいことだと思っておる次第であります。

「中間子論三〇年」といいますが、三〇年なんてのは、たいしたことはない。ただし、過去は対数目盛でいけというようなことになりますと、三〇と一〇〇ではほとんど違わないのですが、一〇〇〇年でもあまり変らなくなってしまいます。対数目盛は少し乱暴でありますが、ふつうの直線目盛でいっても、三〇年なんてのはたいしたことはない。

私は、中間子論をやりだしたけれども、喜劇か悲劇かわかりませんが、いろいろ困ることばかりでありますから、これくらいにしておいて、ちがうことをやらなあかんと、二〇年くらい前から思ったのです。私がこの二〇年くらいやっておりますことは、中間子論と大いに矛盾するところがあるのですね。自分のなかでそういう矛盾したことをやっているのははなはだおかしいけれども、しかし、矛盾していると思われるものがどこでどう結びつくかということも気になっておるのであります。それはちょっとわきに置いときまして、まあ勝手なことをやっておる。まず現状の話をしなければならない。それから将来は、これはなにをいうたっていいのでありまして（笑声）、当ることと当らんこととあります。私はべつに筆先をかえたりするような、そんな霊妙不可思議な力はありませんから、そんなことはなにもできませんけれども、ただ、いろいろいうておきますと、当らなかったほうは皆さんうまく忘れてくださいまして、当ったほうをうまく取り上げてくださるのでたいへんうまいことになるわけであります（笑声）。これからも、そういうことであってほしいと思っておるわけです。

それで、まず現状でありますが、いま「三〇年」ということでありますから、三〇年の間をわけてみますと、初めの一九三五年前後をみますと、電子電気力学というものが、すでに一九二九〜三〇年ころにハイゼンベルク、パウリの論文によりまして、じつに堂々たるものが出来上った。私は大学を卒業する前後でありましたから、一生けんめいに、なんべんも読みました。そうですねえ、なんべん読んだかわかりません。その少し前に、ディラックの電子論も出ております。これはじつにけったいなものだと思いましたが、いくらけったいでも実際とよく合うし、いいことだらけだから、いいことだらけのものは、どんなけったいなものでも受け入れなければならないから、これも勉強した。

しかし、もうそんなものが出てしまいますと、自分がこれから理論物理をやるのに、いったい何をやったらいいだろうと思いまして、最初に考えましたことは、量子電気力学というのは、堂々たる理論ではあるけれども、ものすごい欠点をもっている。それは発散の困難である。ハイゼンベルクやパウリは、それをはっきりいっているわけです。それこれを退治してやろうと思いました。しかし、大学を卒業したばかりの人間が、そういうすごいことができるはずはないということに、だんだん気がついたわけです。世界には偉い学者がたくさんおりまして、そういう人たちが苦労したってなかなか退治できるようなしろものでないということが、ようやくやってわかった。

こいつは、まあ、そっと置いとく。そうすると、なにかやらなければならない。未開拓のところはどこか――というわけで原子核、宇宙線。これはあまり、手がついてない。先ほど山内さんの話では、長岡先生は一九二五年ころには「原子核というのは no man's land だ」と。私が大学を出たころも、まだそれに近かったですね。中性子、ニュートロンの発見はまだなかったわけですから、これはどうにもならない。どうにもならんものにまた手をつけてみまして、やっぱりどうにもならんということが、わかったわけです。

そのころ、こんなことをやっていてもどうにもならん、と思っているうちに、中性子が見つかった。それから、中性子と陽子で、原子核の構造論は一応いけるわけですね。そのほかのものは電子くらいしかないですから、その三つくらいをいろいろこねまわして、核力のあるものでもなんでも出してこよう。これは物理学会でも発表したことがあります。たしか、仙台で年会があったときでしょう。一九三二年か三年です。これは、とてもものにならんということが、だんだんわかってきました。ですから、そういうものは論文に発表しません。当時の『日本数学物理学会誌』にも、それは載っておりません。載らなくてよかったと思っております。

そのうちに中間子論ということになるのでありますが、そのへんの話は、いまさらいうこともないのであります。しかし当時の多くの人の考え方は、宇宙線の硬成分と軟成分と両方とも電子で片づけようという考えが非常に強かったのです。ということは、エネルギーの小さい電子はじきにつかまり、吸収されてしまう。しかし、そのほかに貫通力の非常に強いのがある。これはたくさんあるわけですね。現在μ(ミュー)中間子はわかっておりますが、これをどうするか。電子は、エネルギーが大きくなると、量子電気力学なんてのはだめになる。つまり、cut off(切断の処方)みたいなものがあります。当時、ワターギン、ハイゼンベルクの切断の処法などと、いろいろありまして、それほどはっきりした切断の処方でなくても、とにかくブレーク・ダウンする。量子電気力学は、少しエネルギーの大きいところで破れる。だから電子も、エネルギーが大きくなると、ものの中をすいすいと突き抜けていくようになるのだ、という説が多かったのですね。

ところが私は、そんなことにあまりおかまいなしに、もう少し量子電気力学を信じ、もう少し、一般的な場の量子論をまだ信ずる。そして、そのなかに入ってくるなにか適当な場を考えれば、つまり場の量子論で記述できるような適当な場をもってきて核力の問題を片づける、と大いに信じたわけです。ブレーク・ダウン説ではなくて、信じたほうの側だったのです。信じたからこそ、中間子が出てきたわけです――そういう状況でありました。

それ以後、考えてみますと、こんどは少し信じすぎるようになってきた。「いわしの頭も信心」ということもありますが、場の量子論というのはいわしの頭よりだいぶいい（笑声）。しかし、これは絶対にいいなんて思うと、まずいですね。そういう傾向がはなはだ強い。私は、これはどうかしなければならないだろうと思った。坂田昌一さんや谷川安孝さんの二中間子論が実証されたのは一九四七年で、π（パイ）中間子、μ中間子の二中間子が見つかったのですね。結構なことでありますけれども、私は、ほんとうはあまり満足しておらなかった。最初から、そういう考えは結構だとはいっておりましたけれども、結構だという意味は私自身ならばそうは考えない。ちょっと違うのです。

どういうことかといいますと、物理をやる人のものの考え方にいろいろある。それは平和共存で結構なのですが、μ中間子というのは、あるからある。あるものは認めなければならないのですが、私はどうもそれでは満足できない。どうしてそんなよけいなものがこの世の中にあるのかを知りたい。そういう要求をしても、そんな要求はなかなか満たされないわけです。いまだに、μ中間子は、なぞですね。しかし、よけいものでもなんでも、人間の目から見て、こっちが頭がわるいからよけいものに見えるのであって、それはやっぱり、なにか理由があるんでしょうね。いまだに理由がよくわからん。わからんことがいろいろあるほうがいいのでありまして、わかってしまうと、もうすることがなくなるから、それはいいのでありますが、しかし、μ中間子、π中間子に関しては、あるからあるというほうがよかった。これはなんであるやろかと考えておったら、今日まで手がつかんわけです。これは認めてしまえ、そして、二つありそうだから二つあるとしたほうがよかったのでありまして、なにも文句をいう筋合いはないのでありますが、私は、やっぱり奥歯にものがはさまったような感じがしていた。

ところが一九四七年なる年は、もう、へんな粒子が見つかりだした年です。ロチェスター－バトラーのV（ヴィ）粒子なんていわれておる、V字形に曲ったやつとか、べつのかっこうをしたトラックが見つかった。これはなにかへんな粒子が宇宙線のなかにあるのだ、といわれだした。また、当時タウ・メソンとか、いろいろな名前がついておりましたが、いろいろな中間子も見つかった。数年の間にそういうものがどっさり出てきた。ぜんぜん予想もしてないものが、いっぱい現われた。そのころ私は、これはいかん、こんなことになったら出直そう、と思いました。

それには、どこから出直すか。出直すにはどうしたらいいか——これにも人によっていろいろ考え方があります。今日までいろいろな異なった考え方がずーっとつづいておるのでありまして、どれが正しいか、わかりません。数えあげると五つか六つの考え方があるでしょうが、それについては、あとで少し触れたいと思います。

私の考え方はどうであったかと申しますと、要するに、たくさんいろんな粒子があるのだから、どこぞ違うだろう。なにが違うか。それは違うわけですね。人の顔を見ていますと、みなよく似ているけれども、みな違う顔をしている。それはたしかに違うところがあるわけですね。そういう違いを、それぞれ素粒子がもっている。あるいは、相互作用のしかたで違いをもっているとか、いろいろなことがあるでしょうが、そのなかで私は、いちばんプリミティヴな考え方です。つまり、われわれが知ることには、勉強せんでもわかることがあるわけですね。学校で習ってはじめてわかることと、学校で習わんでもわかることとあるわけです。学校で習ってわかることはなにかというと、例えば数学ですね。数学でも、ちょっとしたお金の勘定くらいなら、習わんでもできるかもしれません。それ以上のものになると、学校で習わんと、やっぱりいかんですね。ところが、なんにも習わんでもわかることが、たくさんある。

私はこのごろ、ときどきいうのですが、人の顔を見分けること、これはすごい能力です。電子計算機もなかなかまねできやせん。私がこうしてちょっと見ますと、私の知っとる人があれば、一目でわかるわけです。こんなことが、どうしてできるか。誰も教えたわけではない。学校でそんなことは教えやしない。このように、習わんでも人間のもっている能力はいろいろあります。近ごろ、電子計算機で情報理論などをやっている人は、いろいろむずかしい言葉を使いまして、図形認識なんていいますが、これはたいへん有難く聞こえますが、そんなものは有難いことではないのであって、われわれは、ものすごい図形認識をやっているわけです。三角形、四角形、円と見分けるなんていうなまやさしいことではない。非常にたくさんの人の顔から、自分の知った顔を一瞬にして見わけるというのは、ものすごい能力です。これを活用しなければいかん、と。そう思ってやったんじゃないのですけれども（笑声）、今になって理屈をつけている。

そういう考え方は非常に古いのでありまして、デモクリトス、レウキッポスなどは、まさにそういう考え方をしておったわけです。つまり、ものは原子からできておる。しかし、いろいろ種類の違う原子があるだろう、それは大きさが違ったり、かっこうが違ったりするだろう、と思ったのですね。ピタゴラスもそうだったかもしれませんが、プラトンなどは、幾何学で、正多面体は何種類かある、原子などは神様のつくった完全なものだから正多面体だろう、それで区別する、と。正多面体であってもなくてもよろしいけれども、とにかくそれは図形認識ですね。じつは、ニュートンなどもそういう考え方をしておったのです。ニュートンは、「われは仮説をつくらず」なんて表向きのことをいうておりますけれども、そうではないのであって、大いに、そういうことを考えておった。

まあ、科学史の話はそのくらいにしまして、そういう古い伝統を受け継いでやろうということでありまして、いつもいうのですが、点というのは点があるかないかで、色でもつけなければならない。しかし、色ではまずい。色というのは第一性質ではないわけですね。昔から第一性質、第二性質というようなことがいわれております。色というのは、だんだんわけていけば、色ではない。原子は色がついているものではなくて、形と大きさしかないと考える。ところが、量子力学が出てきまして、かつてハイゼンベルクは、そういう第一性質、第二性質とわけること自身がいかんのだ、そんな区別はあらへんということている。私はこのごろハイゼンベルクとは違う考え方になってくるのでありますが、ハイゼンベルクはたいへん偉い先生でありますから、大いに敬意を表しておきますけれども、考えが違うのは違うで、しかたがない。私は、そういうところにもっていけるものかどうか考えてきたわけです。

ところが、非常にやっかいなことがありまして、すでに一六世紀、古代でも同じでしょうけれども、ものというものだけ考えますと、形のあるものはわけていけば原子になる。その原子は、形と大きさがきまったものとか、そろっているものとかいうでしょうが、光というものがありますね。光は、中途半端で非常にわかりにくい。光がなければものは見えないのですが、光はいったい何か。これは、昔からみんな困っておったわけですね。もっとも、大昔は、人間の目から光がとびだして、それでものが見えるんだとかいっておった人もありますが、しかし、ホイヘンスなどは、すでに一七世紀には光の波動説をいっておった。これはたいへんな考え方だと思います。

どうしてあの時代に、光の波動説なんてすごいものが出たのか。ニュートンの粒子説のほうが、非常にわかりやすいですね。今からみると逆だとおっしゃるかもしれませんが、そうではないのであって、波動説なんて、じつにむずかしいものですね。波の性質なんて、たいへんむずかしいです。その流れを汲んでいるのは、分散理論ですね。分散理論はむずかしいですね。私は、あれはどうも苦手ですが、波動説を純粋な形でずーっとやっていくと、複素関数はくそくらえということでやりますと、ああいうようになるのですけれども、しかし、もとをただせば、それは波動説ですね。本来もっている性格を非常に純粋に取り出して、一般化し、量子力学に合うように取り出している。それはそれでいいですが、波動説はだいたいむずかしいものです。粒子説はやさしいものです。ものがあって、しゅーっと走っていく。衝突すれば曲るやろ、というのですから非常にやさしいですね（笑声）。波動説のいちばん困るところは、もちろんエーテルの問題が出てくるからですね。なにが波を起こしているか、なにもないのに波が起こるなんてことはないですね。日常経験では、なにもないのに、波風が立つことはない（笑声）。人間が寄っていろいろ利害関係があるから波風が立つのでありましてね……、しかし、なにもないのに波風が立つというのがアインシュタインのご託宣でありまして、そのご託宣を後生大事に今日まで皆さん持っておられる。これはまたひっくり返るかもしれませんね。

いずれにしましても、光というのはたいへんやっかいである。まあ、光のほうはよろしいとしても、電気というのは、やっかいですね。どうやっかいかといいますと、電気は、10位か、ゼロか、1位か、あるいはその倍でもかまいません――整数倍のものを、素粒子と認めていいかもしれません。これは立場によっていろいろあるでしょうけれども、要するにはんぱのものはないという、じつにわからんことがあるのですね。いまだに、その正体がわからん。例えばアイソスピン（荷電スピン）を持ち込むけれども、それは持ち込んだだけの話であって、言葉のあやみたいなものです（笑声）。そういってはちょっと失礼でありますが、私もさかんにアイソスピンを使ってきたのでありますから、言葉のあやだけでなしに、やはり、数学があるわけですね。どういう数学かというと、三次元の回転。だけど、その三次元の回転は、いったいどこで回転しておるのだろう。この世の話か、あの世の話か……。あの世の話ではちょっとまずいんで、物理学というのは、この世の話をする。数学者は、あの世もこの世も区別しない（笑声）。物理学は、とにかくこの世につながらんと、いかん。

この世につながればよろしいのでありますが、私は近ごろ、アイソスピンなどはこの世の話にするというわけで大いに努力しているのですが、詳しい話はやめておきまして、これを具体的な言葉でいうならば、非常にあらっぽい具体的なイメージがあるわけです。

要するに、量子力学的な意味での形とか広がりとか、あるいは運動のしかたとかいうようなことが関係しているのだ、と。そういうことをやりまして、一時、群論が非常にはやりましたね。あまりはやるんで、群論ペストなんていわれたことがありましたが（笑声）、これはべつに群論がはやったというのではなくて、量子力学に群論がいくらでも使えるから使われた。数学の非常に達者な方は、どんどん群論をお使いになった。

先ほど、山内さんは、自分は数学は達者でないとおっしゃるけれども、私からいわせると、ものすごく達者です。だから群論をさかんにお使いになる。ところが、いまは群論がひとり歩きする。ひとり歩きして悪いということはないですね。これは私にはよくわからない。群論がひとり歩きする。力学とは、つまりダイナミックス。ダイナミックスなんて言葉は、誰でもすぐ使うのですが、私はじつはわからないのです。素粒子の方はよくお使いになりますが、私はダイナミックスとは何だろうか、よくわからんです。ダイナミックスは何であろうかということがわかってきたら、素粒子論も大いに進むわけですが、私が最もプリミティヴだというのは、ダイナミックスというのは、つまりデモクリトス、ニュートン、ボルツマンのようなものは最もダイナミックスですね。弾性をもっている球が衝突して、それがはね返って、また衝突して、それで例えば理想気体の状態方程式がいとも簡単に出てくるということになれば、これはまさにダイナミックスです。だけど、それ以上、なんか抽象的な、わからないものであれば、これはいったいダイナミックスかどうか……。それもダイナミックスだというのも結構であります。ところが、近ごろのダイナミックスはたいへんわからないものになりまして、つまり、この世のこととは思えんような話になります（笑声）。なんでもいいから、どんどん複素平面で延ばしていけ、と。これについては、私はいろいろ意見がありますが、話すと長くなりますから……。

われわれ物理をやっているものは、測定器にかけて何かを測りますと、その値は、必ず実数ですね。これは不思議なことです。なんで実数しか出てこないか。複素数が出てきてもかまいませんがね。しかし、実数として出てきたやつを、いかにも物理だと思うわけです。そう思うのは、われわれの器量が狭いのかもしれませんが、しかし、測定器の目盛を見ますと、ずーっと実数の目盛になっておって、複素数の目盛になっておらん。複素数が出てきたら、これはつまり、理論をつくっていくうえには、複素数も入り用である。量子力学などは、その適切な例であって、マトリックスが出てくる。波動関数が出てきますと、これは実数のなかでやっておったら、きゅうくつでしようがない。とてもそんなところには納まりません。例えば、固有値は実数だとか、波動関数が複素数なら、その絶対値の二乗を考えて、いろいろなことをいうわけです。しかし、そんなことはもうおかまいなしに、なんでもいいから、どんどん複素数に話をもっていくのもいいかもしれんですよ。それはわからないですね。つまり、うんと広いところに網を張ったほうがいい、ということもあります。数学というものは、実数の範囲内では、実関数論はおそろしくごちゃごちゃしておりまして、一般的証明はできない。複素関数論へいきますと、いっぺんで非常に一般的なことがいえるわけですね。みごとなものです。それで、数学的な意味における非常な合理性は、複素数を入れなければうまくいかんということが一つある。網をうんと広く張っておけば、魚がかかってくる確率が大きい。その両方のことがありますから、大いに結構であります。しかし私の考え方は、それではちょっとぐあいが悪い。やっぱり、デモクリトス、ニュートン、ボルツマンの伝統でいこうということで、やってきておるわけです。

そこで、細かい話は、いっさいやめますけれども、そういう考え方の行きつく先は、何であろうか。ものが広がっていたり、大きさや形をもっているといいましても、これは要するに量子力学的な意味でありまして、ぼやけたものでありますね。はじめからぼやけておる。ぼやけておるうえに、さらにぼやけてくるということですね。広がっておれば広がっておるということ自身で、ぼやける。点粒子でもぼやけるのでありますが、広がればもう一層ぼやける。二重、三重にぼやける。そういうことをやっておるわけです。しかし、その行きつく先は何であろうかということは考えております。いろいろ考え方がある。古典論の立場、古典力学の立場、つまり量子論以前の立場では、ものが連続体であるか、それとも点の集まりであるかということは、非常にはっきりしておるわけですね。例えば、ふつうわれわれがいっている剛体というのは、ぎっしり詰った連続体です。それが形を変えると、弾性体、流体になったりする。これは、連続体として考えられるわけですね。

そのほかに、しかし、点の集まり、質点系というのがありますね。量子力学になりますと、例えば多原子分子というのがある。2原子分子、3原子分子、4原子分子としていきますと、そのなかで、もしも振動とか電子状態の遷移とかいうものを、いっさい目をつぶって、回転だけを考えますと、これはやはり剛体として扱える。その剛体は連続体ではないけれども、同じように扱えるわけです。これは非常にむずかしくなってくる。古典論にもどって考えてみましても、例えばニュートン力学のちょろいのをやめて、解析力学——ラグランジュとかハミルトンがやった非常にモダンな、スマートなものでやりますと、剛体にハミルトン関数を書くとしますと、その実体は連続体かもしれんし、しかしこれは多原子分子みたいなもので、ただしそれは振動とその他のことはやらんようなものだ、と。そんなことは考えなさるな、われわれの直観なんてものはどうせあてにならん、原子の世界にまでそんなものを持ち込むのはばかな話だから、抽象化したところから話を始めなさい、という立場がある。私はそれに反対ではありません。

現在の電子のスピンなんていうものは、非常に抽象概念ですね。これを、具体的にやろうと思うと、直観と結びつけたらうまいことといかん。だから、ローレンツ群のユニタリー表現という抽象的な高級な言葉を使うと非常にうまくいく。それは結構でありますが、スピンの起源という問題は、将来にまだ残っていると思いますが、一応それは結構だ。パウリ、ディラックが大いに成功したから抽象化は結構であります。ただし、今の群論とは違うのですね。どこが違うかというと、それはやはりローレンツ群というのもありまして、ローレンツ群というのは、要するにわれわれの知っておるもののふるまいですね、その空間のなかで時間的にどう変っていくかというふるまいを規定している特殊相対論と関係してローレンツ群というのがある。これはたしかにデモクリトス的イメージにつながっていくわけです。ところが、SU(3)なりSU(6)、SU(12)云々となってくる。これはいったい何だろうか。これで成功すれば、それが足がかりになるのでありますから、大いに成功していただきたいのでありますが、しかし、そこで満足するかしないかということがあるわけです。そこで、連続体か連続体でないのかということを考えてみます。

連続体ということは、直観的なイメージでは、はっきりしているけれども、量子力学的なレベルでは、もはやはっきりしないのじゃないか。ある程度の抽象化をやるとはっきりしないじゃないかということになりますが、しかし、それをこういうこともできる。つまり、連続体は無限に大きな自由度をもっており、無限大の自由度をもっておれば、いくらでも細かくわけて、それぞれの部分はそれぞれの自由度をもっており、いくらでも細かくわけていけば自由度はあくまでも無限大です。それはしかし、量子化のしかたさえうまくやれば、それでも、いい理論はできるかもしれませんが、それは、非常に悪循環になる危険があるわけですね。

私は、大学を出たときに、ハイゼンベルク、パウリの量子電気力学を何回も読みまして、発散という悪魔を退治してやれと思ったが、それはとても手に負えん、相手がごつすぎるから、やめたのです。それで、いま、大きさを考えたり広がりを考えたりするということは、その悪魔退治を新しいしかたでやろうという魂胆もあるわけです。素粒子をいろんな形や大きさの違いで区別しようというと同時に、いろいろ欲ばっておるわけです。あまり欲ばりすぎると、長いことかかって、しんどいばかりです。しんどいからこそ、二〇年ほどかかっても遅々として進まないのですけれども、しかし、悪魔退治――発散を退治するためには、そういう連続体のようなものを考えますと、自由度はやはり無限大になって、これは、もとのもくあみになる恐れが十分あるわけです。エーテルの問題もからんできますが、もとのもくあみになる。欲ばった目的が達成されない。

時間がありませんからもう最後ですが、最後は私自身にもよくわからないことをいいます。皆さんにもおわかりいただけないと思うのでありますが、どこへお話をもって行きたいかといいますと、もしもどこかでそういう悪循環を止めようとしたら、いちばん簡単に解決できると思われるのは、いちばん荒っぽい方法でありますが、思いきって時間空間を、今まで考えていたことと非常に違うものだと思ったらどうか。そういう思想は、まえからあるんですね。多くの人が、一ぺんや二へんは考えている。私は何べんも考えておりますが、簡単にいうならば不連続的な時空――空間は不連続的で時間のほうは連続だとか、いろんなバリエーションはあるでしょうが、要するにそういうものを考える。これはどうだろうか。もちろん結構です。成功すれば私は大いに歓迎し、何度もやってみましたが、なかなかうまくいかない。皆さんのなかにも、おやりになった方がたくさんあると思います。そのなかの幾つかは論文になっておりますが、論文にならずに紙屑かごへ入ったものは、何百、何千とあるだろうと思います。世界中集めたら、たいへんなものだろうと思います。

ところが、こんど、素粒子国際会議がありまして、ボームという人が来たのです。ボームは、変ったことをいうし、また、まえにいっていたことと今とは、ぜんぜん違うことをいったりする。ボームは、昔は量子論のオーソドックスな解釈の模範的な信奉者でした。ボームの『量子論』という本がありますね。非常にいい本らしい。私は読まないんですが……。それはつまり、オーソドックスな解釈――コペンハーゲン解釈に従って、みんなによくわかるように書いてあるらしいので、それならおもしろくないからと、読まないのですが、その後、彼は一八〇度変りまして、そんなもんじゃ満足できんということになりました。私は、ボームのその後の考え方の変化自身はべつにどうでもよろしい。それを問題にしているのでありませんが、こんどの国際会議で、おもしろいことをいいました。

ものすごく早口でしゃべり、しかも内容が非常にむずかしいので、これは誰もわかるはずはないのでありますが、私は、ちょっと小耳にはさんだところから勝手に考えておるのですから、ボームが思っていることとだいぶ違うかもしれません。それはどっちでもかまわないのですが、ボームはこういうことをいっている。今までの物理学は、デモクリトス以来の伝統があり、ニュートン、ボルツマン、ローレンツというようにつなげてもよろしい。それは場の量子論でもどれでもよろしいですが、時空を記述するときにどうするか。デカルト座標というのがありますね。デカルトというのはものすごく偉い学者でありまして……。きょうはそんな偉さをいわんでもいいんで、長岡先生や仁科先生の偉いことをいえばいいのでありますが(笑声)、しかしこれは大事な話でありまして、デカルトは解析幾何の開祖ですね。これはたいへんなことであります。

先ほどいったいろいろな図形を、われわれは中学校で習って、ユークリッド幾何で証明したりします。これは、証明できるとたいへん楽しいですね。しかし、少しむずかしい問題は、もう、やれない。二次曲線とか、それ以上になったら手に負えない。ところが、デカルトはこれに座標を持ち込みまして、例えば三次元空間ならば、$x$、$y$、$z$という値の一組をそれぞれの点にくっつけて、そういう点が集まって空間ができている。そのなかで、図形ができているのは図形方程式でちゃんと現わされるとかなんとかいうことをしました。それをわれわれはやっている。物理学というのは、そういうものを大いに利用しておるわけです。ところが幾何学にはもう一つありまして、位相幾何学ですね。この位相幾何学を、私は昔からなんとかして物理に使いたい、素粒子論などにはまさに使えるのではないかと考え、よく数学者に聞くのですが、数学者はなんにもおっしゃってくださらない。つまり、今までうまく使われてないのは、位相幾何学と整数論ですね。この二つは、数学としてはおもしろいのですが、物理に使われていない。これをどうやって使ったらいいか、ということですね。

そこでボームいわく、今までの時空概念はデカルト的である。自分は位相幾何的に考えようというわけです。位相幾何的に考えますと、例えば、二つの図形があると、1という図形が2という図形のなかにあった。あるいは外にあった、あるいは点を考えてもよろしい、ある閉曲線を考えまして、そのなかに点があるとか外にあるという場合があります。こういうことをいくらひねくりまわしても、位相幾何のほうはとても使いものになりませんが、なんで使いものにならないかといいますと、物理というのは、やはり何か測るということがあるわけです。そのためにはどうするか。なにか方程式を解いて解を求める。解というのは、関数みたいなものです。関数の形をきめる。ところが、これは初めから不連続的な固有値をもったものならば、例えばスピンの関数のようなものがあるわけです。これは連続的になっておりますが、それも、思いきって、関数のほうも例えば1とか0しか値がないようなものを考えてもいいわけです。例えば、閉曲線があって、ある点がそのなかにある場合には、それに相当する関数を考えまして、その関数の値が例えば0、外にあったら1、もし閉曲線の上に乗っておったら、½を持ち込んでもいい。そんな細かいことはどちらでもいいですが、このようにいろんな関数を持ち込んでいくということは、数学者の方はあまりなさらないですね。物理では、そういうことをしなければ物理として使いものにならない。——というようなことをボームは早口でいったのですが、それは、さっきいいました図形の認識とか、われわれがお互いにすぐに顔を見わけるということとは関係のあることですね。

私がここに立っておる重心の位置が、デカルト座標でいくらであるか。そんなことはどうでもいいことです。私はこの部屋のなかにおるということ、そのほかにたくさんの方が、この部屋のなかにおられる。その間の相互の位置ということがあるわけですね。

私はそっちを向いているし、皆さんはこっちを向いている。よそ見をしておられる方もあるし、居眠りをしておられる方もある（笑声）。しかし、そういう細かいことは別としまして、そういう状況というのは、われわれにとっては日常生活できわめて重要なことです。こんなことは学校で教えてもらわなくてもわかる。学があってもなくても同じことです。学校でそんなことを習ったりしません。教えてもらわなくてもわかることのなかに、非常に貴重なものがいっぱいあります。ただし、それを物理学に使おうと思っても、使えない。これを生かせるかもしれません。しかし、「かもしれない」くらいしかいえないのでありまして、私も、少し考えてみようと思っております。

そういうことは、昔、ポアンカレーがさかんにいうたんですね。例えばここに二つ点がある。この点とこの点は、近いとぼんやりして区別できない。また、こっちの二つの点と区別できない。はじめの点と第三番目の点は区別できない。これで位相幾何学的な性格を帯びてくるわけですが、隣り同士とか、ずーっと秩序があるとか、順序があるとか、むずかしくいうとそれはだんだん構造になってくる。こういうことは、すべて、定性的である。定性的だから、これは物理に使えんということになっておったのですが、定性的と思えるものだって定量的になるんですね。量子力学なんて、私はそんなものだと思うのです。

確率なんていうのは、定量的にならんやつを、むりに定量的にしておるんですね。実際、確率関数など与えたって、サイコロを振ったって確率どおりに出ないにきまっておる。なにが出るか、そんなことは、わからへん。しかし長いことやっておったら、それに近づきますよ、ああそうですか、と、それで終ってしまう（笑声）。永久に実現しないけれども、だんだん接近していくからよろしかろうということが、すでにあって、さらにそれが複素関数になっていく、しかも確率振幅などというから、もうひとつ話は抽象化してわからなくなります。自然界にはそういう奇妙な法則性もあるわけですから、そのようなところまでゆけば、われわれが、合理的思考といいますか、合理的だけでなしに、つまり数学にかけて定量的な理論にまでしてきたわれわれが使っているものの考え方、手段は非常に限られているのかもしれません。これは、位相幾何学に限りませんが、そういうことがあるのではないかという気がいたします。そういうところまで行きますと、不連続的な時空なんていうものも割合い簡単に扱えるようになるかもしれない。私も、そういうことをこれから考えてみたい。なにかそんなことでもしないと、悪循環からはなかなか逃がれられないのではないか。こんなことを考えております。

もう少しちゃんとしたお話をしたかったのでありますが、しかし、先ほどからのお話が非常に定性的なものでありまして（笑声）、私も非常に定性的なお話で終ります（拍手）。

〔本文は一九六五年一〇月、岡山大学で開かれた第二〇回日本物理学会年会における総合講演の速記である〕

（一九六六年四月号）

# ベータ崩壊の古代史

## 不条理な原子核をめぐって

本日はベータ崩壊（β-decay）の研究会ですので、こういう時にいっぺん忘れてしまっていた古いことを少し想い出してみようと思います。文献を捜して見つからないものもあるのです。が、その中には谷川（安孝）さんのほうが覚えておられたり、あるいは捜し出してこられたものもあるようですが……。私の古代史は、谷川さんの古代史よりもちょっと古くて多少神話も混っていますけど。普通古代史といいますとなかなかよくわからない。本当か嘘かわからないことがいっぱいあったり、資料が非常に足りなくて発掘で何か出てくるとかいろいろなことがあるのですけれど、今日私のお話するような古代史というのはそれとちょっと違うような様相がありまして、事柄は皆さんも知っておられるか、知っておられなくてもあちこちでいろいろ書いてあることが多いのです。

ですから普通いう古代史のような興味はありませんけれども、そのかわり皆さんも私も後から昔を振り返ってみると、なぜこのような馬鹿なことが皆わからなかったのか。人間というのは、ことが終ってから振り返ってみると神様のように物がわかる、しかし先は見えないのです。一寸先は闇の中で私は研究を始めたのですけれど、本当になぜこんなことが世界中に非常に偉い学者がたくさんいてわからなかったのかと、不思議に思うことが非常に多いわけです。別に私は教訓的なことをいうつもりはないのですが、この点は現在も同じだと思うのです。

だいたい弱い相互作用とは何のことやら私にはわからんです。初めの頃、私はものが何でもわかったような気がしたのです。その後すべてわからなくなってきたのです。なぜわからなくなってきたかといいますと、非常にややこしいことがいっぱい出てくるんですね。簡単にまとまりそうな話だったものが、詳しく調べてみるとわからんことがいっぱい出てくるんです。パリティの非保存、その他あるんですが、今やもうむしろわからないことばかりで、簡単に全部をまとめることが非常に困難な時代です。何か非常に大事なことで、知らないことがあるに違いないんです。だから皆さんもですね、何かまだまったく知らない、わかってみれば何でもないことがいくつかあると思って、おやりになるのが一番賢明だと思うんです。

古代史を遡るときりがないのですが、ベータ崩壊というのはすでに一九世紀の終りにわかっていたもので、そんな所へ遡っても仕方がない。まあ仮に一九二九年から一九三一年、このあたりをちょっと振り返ってみたいと思います。二九年というのは私が大学を卒業した年なんですが、そういう私の個人的事情に関係なく、だいたい量子力学ができあがり、量子電気力学もハイゼンベルク－パウリ（Heisenberg-Pauli）の論文が出て一応できあがった時期です。だからわざわざ原子核とか放射能とかいう難しい問題はやらなくても、やれることはいくらでもあった。物性関係の問題はいくらでもあったわけです。それから宇宙線の正体は全然わからなかった。

この当時においてはですね、原子核というのは単なる不条理そのものです。どうにもならない。なぜどうにもならないかというと、今日でいう素粒子の概念が狭すぎた。素粒子という言葉さえ日本語にはなかった。elementary という言葉はあった。それは何かというと、陽子（proton）と電子（electron）ですね。この他のものは考えてはいかんぞよ、ないぞよ、という御託宣がちゃんと、どっかから降りていたんです。あとは光子（photon）しかないです。これ以外のものを考えたりするのは天を恐れぬことだったんです。なぜかといいますと、物質の恒常性ですね。物はどこまでもあり続けるという、デモクリトス、エピクロス以来の伝統です。光子は別として、その他のあやしげなものは考えない。もうほとんど無意識的に他の可能性は、考えられないようになっていた。

こんなものだけでは原子核は困る。陽子と電子で電子核ができていると思って早速困るのは、皆さんがよく知っていることやけれども、$^{14}$Nです。2個の$^{14}$Nからなる分子のスペクトルから、$^{14}$Nという原子核の統計はボーズ（Bose）統計でスピンが1ということがわかっておったんです。$^{14}$Nの中が陽子と電子だけなら、フェルミ（Fermi）粒子が21個ありますからボーズ統計にならない。スピンも当然半奇数となる。それと実験とが反するということがわかっていたんです。

こういう不条理なことは考えられないはずですよね。こういう時代にやっとるというのは、まあ実験の話は別ですけれど——実験だって原子核実験というのはきわめて少数ですね——全体の大勢からみると、量子力学が出てきますと、原子の問題なんか何でも全部退治できるということになって、そっちのほうへ理論も実験もみんなわっと押し寄せた。その中で原子核理論をやっていたのはガモフ（Gamow）です。これと同時にガーニィ（Gurney）とコンドン（Condon）が、一九二八年アルファ崩壊をトンネル効果として証明しました。これは量子力学があるんだから易しい話ですけれども、量子力学がなければアルファ崩壊もぜんぜん理解できなかったのですね。こういう状況というのは皆さん少し創造力を働かしていただきたいのですが、放射能（radioactivity）というのは本来、きわめて不可解なものなのです。だいたい物がこわれてゆくというのはおかしいことだったのですね。つまり原子核の中からアルファ粒子が飛び出すということ自体がきわめて不可解なことなんですね。しかし、わかってしまえば何でもない。

それで、その頃の私自身のことを申しますと、大学卒業しましたら何をやろうかと、思ってたんです。私の考えたことは二つあったんです。一つは量子電磁力学、あるいはもっと一般に場の量子論です。当時ハイゼンベルク－パウリの理論が出ましたが、この理論は発散するということを非常にはっきりいっているんです。まあこいつを退治すべきであると、退治する方法をまず考えてみようと、明けても暮れても私は考えておったのですが、やがてこれをやっとったらいつまでも埒があかんと悟った。こんなもんで一生終ることはつまらん。大いに気になるけど、これはこれで置いといて、次に何をやるかと考えた。そこで原子核をとりあげた。ところで原子核はさきほどいったようにきわめて不条理なものですから、この不条理なものをいきなりどうかすることはできん。できんからどうするかというと、ディラック（Dirac）の電子論がすでに出ているんですね。原子核のまわりを電子が回っています。原子核の外にある軌道電子と原子核との相互作用で起ってくるような現象でも少しやってみるか、そうすればだんだんとこの正体不明の原子核に近づけるんじゃないかという意味ですね。ガモフの話からいくと、陽子と電子とで何かすべてをでっちあげようと思うわけです。それ以外の考えは、夢にも思ってないわけです。場の量子論のほうは、大学卒業して四十何年かおおかたこれをやっているんです。でもこれはまだ解決していない。あの時にいっぺんちょっと止めてよかったんです。こればかりやっていたら中間子もくそもないんで、こればかりでは何十年やってもあかんわけです。

また軌道電子のほうに話を戻します。当時超微細構造というのはわかっておったんです。特に水素の場合には書くことが簡単なんです。これをどうして理解するかというと要するに陽子が磁気能率を持つからです。磁気能率の大きさや、g-factor がわかったのは、たしかもうちょっと後ですけど、超微細構造があるということはわかったんですね。これは電子と陽子の磁気能率の相互作用を考えれば多分出せるであろう、それで計算しておったんです。途中までやっておったらフェルミという人が同じことをやっていることがわかった〔E. Fermi, *Zeits. f. Phys.* 60 (1930), 320〕。これは神代の時代、皆さんにとっては生まれる前でしょうね。大多数の方にとっては、こういう古い時代に、こういう文献があるのはご存じないでしょう。これを見たら私がやりかけているよりずっと先までちゃんと書いてある。まだ力は及ばんですよ。力量の差というのはまだ大きいですよね、彼は私より四〜五年早く卒業している。ともかく非常に優秀な人ですね、私よりスマートにやっている。実は私の書いた論文を私の習っていた玉城（嘉十郎）先生に、これどうですかと渡した。で先生は金庫の中にお入れになった。それきり私は知らんのです（笑）。その後私は玉城先生の後任になって京都大学へ戻ってきまして、その金庫も私のものになったんです。開けてみましたら他のものは入ってますけど、この論文はついに見つからぬ。金庫からどこかへ移されたんです。完全に行方不明です（笑）。別にこんなの残っていても大したものではなく、ほんの入口までしかやっておりませんから、別に印刷にするようなものではありませんけれど、やったということは誰も証明してくれない、証拠物件がないいんです。

## ベータ崩壊研究の事始め

さて、もっと原子核の中へ入っていこうと思っていてもですね、なかなかうまくいかない。それでその頃、おそらく原子核に関する理論のまとまった本として唯一の本であった、ガモフの *Constitution of Atomic Nucleis and Radioactivity* という本、これを私は大いに読んでみました。これには、さきほどいいましたように、$^{14}N$が困るんだというようなことが詳しく書いてあります。その他、今日の研究会の主題でもありますが、ベータ崩壊がいかにわけのわからんものであるか、ということが書いてあります。これについてはもう一冊、ちょっと後でありますが、この頃あまり手に入らない本でありますけれども、私が最初に書いた本があります。岩波科学文献抄のうちの『β線放射能の理論』（一九三六）です。この題名が変なんですけれど、何か念のいった題ですね（笑）。なぜこうなったかというと、これもちゃんと理由があるんです。私ははじめβ崩壊の理論という題つけとったのです。そしたら、岩波の人だか誰だか、それはわかりにくい、放射能といわんとわからんじゃないか。そこで題名を急に変えたのです。今なら「β崩壊の理論」でよかったんです。これにいろんなことを書きましたけれど、ガモフの孫引きみたいなことも多いですね。しかし、この頃にはむろんフェルミの理論も出ておりますから、それが主体となっております。不思議なことに、一九三六年ですと、中間子論をもう私はやってたんです。ものすごく私自信あったんですね。この前に何度かお話したかもしれませんが、中間子論の証拠、客観的な証拠はまだないんですね。ない時でもものすごい自信があったのですね。まあそれが三六年の一年前ですよね。それから一年ぐらいの間に相当自信喪失しているのです。別に何も大した変化はないのです。まだ見つかっとらんという状況の中でですね、そのうちじきに見つかるわけですが、そのちょうど間の時に非常に自信喪失していました。自分もちょっと違うことを考えておるけど、それはここには書かれていない。さっき中村（誠太郎）さんがおっしゃったようなああいう式の理論をおおむねやっておるわけですが、全然これには遠慮して書いてない。非常に不可思議な心理状態であった（笑）。中間子が見つかり出しますと、また元気出して皆さんといっしょにやった。

さてベータ崩壊に関してはですね、皆さんよくご存じのK軌道電子捕獲というのを坂田（昌一）さんといっしょにやったわけです。中間子の一番初めの論文と同じ巻に少しあとのほうに出ています。一九三五年の中頃です。K電子捕獲というのはどうして考えたか、それまで誰も考えていなかったんですけども、誰も本当に考えてなかったかというと、必ずしもそうではないんですね。当時ベック（Beck）という人がいます。あるいは皆さんご存じかもしれない、この人がずいぶん早くから原子核の問題を非常によくやっていた。ニュートリノ（neutrino）以前の段階ではベータ崩壊の理論をよくやっています。この人がオデッサの大学におった。年は私よりずっと上です。オデッサというのは黒海の沿岸にある古い町です。どういう事情かわからないんですけれども、このオデッサ大学からブラジルへ行く途中ベックが日本に寄って、大阪大学を訪問することになったのです。私も阪大で会っていろいろ話をしたんですが、その時何かK電子捕獲みたいな話をしたようなんです。私はどうもわからなくてね。こっちは中間子論の話をしとったんです。彼が行ってしまってから、坂田さんといろいろ話し合いまして、そのベックのいったのが非常にヒントになっとったんですね。ハハアこういうことがあるのだな、こういう計算をしてみようということになったわけです。余談ばかりですけども、ベックはそれからブラジルへ行きまして若い学者を指導しておったのですね。それからこんどはアルゼンチンのブエノスアイレスへ行った。ずっと後に私もそこへ行って彼に会ったのです。もう亡くなったんじゃないですかな。こういう早い時代に原子核に関係したことをやっていた人は非常に少ないですね。ベックは *Kernbau und Quantenmechanik*（一九三三）という本を書いています。しかしベータ崩壊というものの、ニュートリノという話はまだないんです。しかしこの頃からボツボツ顔を出してくるわけですね。ディラックの陽電子説（positron theory）、これは二九年ぐらいから出てくる。ですからベータ崩壊というのは、電子対がまずできて、それで陽電子のほうは中へ、外へ出られないんだとか何とか無理矢理にくっつけるんです。無理矢理にくっつけるけど、しかし困難は解消されません。ベックはこういうことに苦心しておったんです。

また少し前に話を戻して、歴史的にどういうことが前にわかっているかといいますと、エリス－ウースタ（Ellis-Wooster）の実験（一九二七）があります。RaE を熱量計の中に入れまして、それで出てくるエネルギーを全部計るわけです。何回崩壊が起って、どれだけ熱量が出たかを、全部計ってしまう。そうしますと、これを一個あたりにすれば電子の平均エネルギーになるわけです。この値は電子の連続スペクトルの平均エネルギーと一致しています。次にエリス－モット（Ellis-Mott）の実験（一九三三）というのがあります。これは ThC が ThD に崩壊するのに二つのプロセスがある。ひとつは、まず ThC が $\beta$ 線を出しまして ThC′ になりまして、それから $\alpha$ 線を出しまして ThD になる。もうひとつは、ThC がまず $\alpha$ 線を出しまして ThC″ になり、それから $\beta$ 線と $\gamma$ 線を何回か出して ThD となる。そこで ThC と ThD のエネルギーの差は同じですが、二つの課程での放射能のエネルギーを足してみると合わない。この足し算は合わんのです。どうしたら合うかというと、$\beta$ 線の最大値を足すわけです。この二つの実験から何がいえるかというと、たがいに完全に矛盾してることとです。だからまあ、この頃には矛盾というのは非常にはっきり出とったんです。

もうひとつ直接の問題じゃないんですけどサージェント（Sargent）の法則（一九三三）、これはずいぶん早くわかっていた。これは崩壊定数とβ線のエネルギーの最大値のおのおのの対数をとって、いろんなベータ崩壊のデータを並べてみると、三本の線が引けることがわかった。今日でいえば、許容遷移、第一、第二禁止遷移式の話ですね、その原型になるようなものがあったわけです。この話はもうちょっと混み入った原子核の構造の問題に関係しているのです。これはまあ上の矛盾とは直接関係ありません。しかし、こういうことはすでに知られておったということです。

この時期の終りはどういうところにあるかというと、パウリ（Pauli）のニュートリノ、それともうひとつはボーア（Bohr）のエネルギーが保存しないという考え方です。ボーアは、ベータ崩壊のような軽粒子が関与する原子核の反応ではエネルギー保存は統計的にしか成り立たないと考えた。これはRaEの連続スペクトルから考えた。パウリはニュートリノを持ち込みます。ベータ崩壊は非常に不条理な状況にあったわけです。ですからそれを理解するのに何か新粒子を持ち込む。いままで知らなかった新粒子を持ち込むということは、それは後になると全然様子変りますよ。持ち込まんでも、何ぼでも向こうからやってくるわけですね。要するに、宇宙線でも捜せば何ぼでも出てくるし、加速器使えば何ぼでもできてくるし向こうからやってくるんですよ。この時代はですね、向こうからやってきたんだけど知らんわけです。まったく無知なわけです。だから昔からわかってる粒子だけ、後は一切考えんということで出発しとる。今とはまったく逆の状態です。全然逆やということをひとつよく考えていただかんと私のいうことがおわかりにならない。この頃はボーアの哲学に皆大いに影響受けていたわけですね。

その当時二回目のローマでの国際会議（一九三一）があった。私はこの会議の論文集をさっそく手に入れたんです。それにはイタリア語の論文も割合あるのですけど、幸いボーアのは英語になってます。そこにいろいろ書いています。つまり原子核みたいな小さいところへ、電子を閉じ込めるということはそもそもおかしいことです。量子力学的にもおかしい。しかし電子はないといかんという。もしあると思うなら非常に違った振舞いをするんじゃないか。エネルギー保存則も何もかもダメになっておる。β線のエネルギーの最大値の時には保存しているように見えるわけです。しかし熱量計で測れば、スペクトルの平均のところしか出てこんですから、つまり成り立っとらん。それだけ余分のエネルギーがどうなっとるかわからん、だから保存しないという言い方がひとつあるんですね。もしも、しかし保存しないというのは何ものかがそれを担っているか、つまり原子核に何かわからんものがある。パウリはそう考えたということが、マイトナー（Meitner）が誰か宛に手紙の中に書いているそうです。今とちょっと違いまして原子核の中に電子もニュートリノもあると思った。そうすればまあ、それでもいいかもしれないわけなんですよ、ニュートリノをちょっとこう足しとけばいいんですからね。$^{14}$Nの問題だってつじつま合わせることができますよ。パウリはそういってたんじゃないかと思いますけど。

しかしもちろんニュートリノの質量は非常に小さくないといかんわけですね。大きかったら困る。この質量を持ち逃げされたらたちまちバランスが合わなくなりますから質量は小さい。まあ電子の質量程度、あるいはもっと小さいかもしれない、もうちょっと大きくてもいいというようなことをいっていますね。このパウリの考えを私は知らなかった。ボーアの考えというのは私は割合早く知ってたんですね。パウリの話は本の中には出てこないですね。ローマの会議出席者の写真にはパウリはいませんね。しかし、この時ローマでパウリがフェルミと話をしたという話もある。そういう状況にあった。

## 中性子の発見と核力問題

もうひとつは原子核内の中性子（neutron）の問題です。パウリはニュートリノが原子核の中にあるという。しかし、中性子もこの年の終り、あるいはあくる年の一月ぐらいに発見されるわけです。ローマの会議にはこの話はなかった。パウリは中性微子のことを neutron といっていましたが、本当の neutron が見つかったから、フェルミは中性微子を neutrino と呼びました。この時点になっても、陽子と対になった中性子というものを理論物理学者はだれも考えていなかった。考えていたのはラザフォード（Rutherford）です。

今日お集りの方は皆さん理論物理学者ですが、理論物理学者というのはダメですね（笑）。ラザフォードも昔のことだから何でもやったけれど、まあ、理論物理学者とはわれわれは思わない。しかし非常にえらい先生です。この先生は、非常に早くから、中性子がないと困るやろ、それはあるぞ、探せというていたからチャドウィック（Chadwick）が見つけた（一九三二）。それまでにジョリオ（Joliot）とかドイツの人たちがいろんな実験をやっているわけですよ。チャドウィックはちょっと遅いくらいなんです、出足は。それやけど結局中性子を見事に摑むのはチャドウィックです。それはなぜかというたら、これはあるやろとこういって、探せと以前からいわれていた、だから見つかった（笑）。それは一歩の違いだけれど大きな違いですね。理論の人はたくさんいて、だれもいわなかった。やっぱり理論物理学者特有の固定観念というのがあるんですね。ラザフォードという人はスピンとか統計とかそんなことを考えないんです。そんなことが問題になる以前から、もっと素朴な古典物理学的な立場ですね、古典力学、古典電磁気学という立場から考えたわけですね。そうするとまあ、中性子といったものがあるほうがいい。私はくわしいことは知りませんが、ラザフォードがこういうことに相当自信を持っていたとすれば、それは量子論を知らなかったからで、理論物理学者はなまじっか量子力学知っとるから、スピンとか統計にこだわって、なかなかこうはいかんわけです。彼はもっと素朴なんです。

人間はですね、知らぬが仏という諺がありますが、あまりゴチャゴチャしたことは知らんほうがいい場合がある（笑）。ですから後から考えると何てみな馬鹿だと思うけれども、逆にいえば何にも知らんのにいいことをパッと見つけることがある。まあ理論物理学者というのは理論を忘れなければいかん。もう今忘れることは難しいです。みなさんには非常に困難であろうと思うんです。それは量子力学、それから場の量子論という、ものすごいビルディングがあってですね、これを揺り動かすというのは思いもよらんわけです。その中に入ってアパート暮ししているようなものです（笑）。外へ出たら暖房もないし、こごえ死ぬわけです。昔はやっぱり、掘立小屋に住んでいるほうがよいわけです。これが嫌やったら別に建てたらいいということですね。だから今の建築というのは壊すのが難しい。建てるのは易しい。壊すことを研究しなければならんということです。私がこんなことをいったのは二十何年か前です。ビルディング壊すと周囲にものすごく迷惑がかかる。迷惑だと思うんですけど壊すより手がないんですね。私もほんとに理論物理学もまたそうなってきているのじゃないかと思うんです。

その当時は原子核は完全に不条理の世界ですよ。だからパウリがニュートリノを考えただけでも大変なことだった。それは後から見て、パウリは正しかった、一方が間違っていたと、誰にでもわかるのであって、当時の状況というのはなかなかそうではないんですね。中性子を持ち込むなんて話はないんですからね。パウリは持ち込んだけれどもそれは中性子ではなかった。

今度は一九三二年になって、中性子が見つかって、こうなるとハイゼンベルクが原子核モデルを創った。これは神代ではなくて、皆さん誰でもよく知っていることになるわけですけれども。しかしまた皆さん原論文をお読みになるとわかるんですけれどもね、彼はどういうイメージを持っとったかというとですね、非常に混乱してるんですね。ある時には中性子は素粒子だというんですね。したがって、今日いうアイソスピン（荷電スピン）というようなことを当時彼が持ち込むわけですね。要するに、中性子と陽子は、何かある今の言葉でいえば核子という、当時はまだこの名前はついていませんでしたけれど、そういうものの二つの違った状態だなんどともいうわけです。一方でそういっているけど、他方では、中性子というのは陽子と電子の寄り合ったもの、複合体だということもいうてるんです。私も大いに混乱させられました。物の始まりはそんなものやけれども、何といったってそれを原子核構造の出発点にとって考えるのがよろしいわけですが、そこにニュートリノははいっていないんです。私もこのハイゼンベルクの論文を勉強している当時はまだパウリのニュートリノを知らないんです。ハイゼンベルクはどんなことをやっているかというとですね、まあ原子だとか分子とかいうことをやっていたわけですから、交換力（exchange force）とかいうものを盛んに自分で研究していたわけですね。ハイトラー－ロンドン（Heitler-London）の理論も出てます。交換力は要するに、電子の交換によって力ができる。力の媒介者はいつも電子ですね、化学結合は全部そうですね。だから彼もそういうイメージを捨てることはむろんできないわけです。力を説明するには、彼のイメージの中では、これはつまり電荷交換力ですね。

しかし、交換力でないものももちろんあるわけです。いろんな核力がある。ウィグナー（Wigner）型とか、四種類ある。私自身はですからこういうものが、電子という力の媒介者によってどういうふうになるかということを少しやっとった。これは最初から不条理なんです。できるはずのないことをしばらくやっとった。考えてみると馬鹿なことをやっとった。そう考えたら多分すぐ中間子となったはずなんですよ。それがいく月もかからないとわからない。馬鹿な話ですけれどもね。なんとなくそういうふうなことは頭に浮かぶんだけどもすぐパッと消えちゃうわけです。実は私は余談ばっかしで、初めのうちは抑えていたんですけれども……。停電というのは昔よくありましたですね。停電したら困るんですよ、なかなかつかんから蠟燭つけたりする。そうするとしばらくするとパッとつくわけですよ。やれやれ嬉しやと思って蠟燭消すでしょ。そうするとまた電気がすぐ消える。しまったとまた蠟燭をつける、そうするとすぐまたついて、三回か四回目にようやくずっとつきっぱなしになるんです。私どもはですね、それらしいことはパッパッと頭に浮かぶわけですけどもね、すぐにパッと消えちゃう。そのうちにまあだんだんと長続きしてくるわけですね。

それから途中で何か起ったかといいますと、これもみなさんよく知っておられますね。フェルミは当時はイタリアのローマにいたんでしょうね。最初に出た（一九三三）のはイタリアの雑誌（*Ricerca Scientifica*）ですか、その時は私は知らなかった。次の年（一九三四）になりまして *Zeitschrift für Physik* に出たのを私読みまして、あ、やられたと思ったですね。頭おさえちゃってこれはいかんと思ったけれども、よく読んでみて、まあもっともらしいですね。非常に立派にできていますから。ベータ崩壊はこれでおよそのところもっともらしい。その次に何が起ったか。私ちょっとがっかりしたけれども、しながら同時にですね、核力の問題というのはですね、これではいかんのじゃないか。当時は核力は強い相互作用、ベータ崩壊は弱い相互作用というはっきりした意識はないわけですよ。そんなことで今はいとも簡単に分類してますけれども、当時はまさにこういうものが未分化の状態なんです。ですから、あるいはニュートリノをもうひとつこのへんで持ち込めばですね、電子とニュートリノのペアをやり取りするということで核力は説明できるかもしれない。多分、そういう考えはあかんだろう、つまりベータ崩壊はもっとずっと遅いプロセスだからそうはなるまいと思っとったんです。私が計算しようかなと思っているころに、タム（Tamm）とイワネンコ（Iwanenko）がこの考えで核力を出しました（一九三四）、フェルミの論文が出てまもなくです。この二人の考えた、電子・ニュートリノ対を交換するという核力は$r^{-5}$に比例するんです。しかしこの強さがきわめて小さなもんだということがわかった。計算してみなくても、そうなるのは当り前だと、今の人はいうでしょう。しかしまあただ問題として原点の近くでものすごくきつく発散していますから、そちらのほうの発散を許しておけば非常に大きいものになりますけれど、それはどっかでcut offするんだと思えば、非常に小さすぎるんですね。cut offしなければ、これは大きくなりますけど、それは多分だめだろう。私はやれやれと思ったんです。フェルミそのものではいかん。それではどうするかというので、じきに中間子までいくわけです。これはさきほど中村さんから話があったし、あとで谷川さんから詳しい話があるんだろうと思います。

次にコノピンスキー－ウーレンベック（Konopinski-Uhlenbeck）という連名の論文がたくさんありますが、そのうちのひとつで一番早いのがあります。フェルミの理論が出てから二～三年ぐらいの間でしょうかね、いろんな人工放射能がたくさん見つかりました。私の本にもだいぶ書いてあると思います。いろんなベータ・スペクトルがあって、低エネルギー側に偏ってピューッと大きくなっているのが多いんです。非常にたくさんこういうのが見つかったんです。比較的軽いリチウム（Li）とか何とかたくさんありましてね。これはフェルミ理論では合わないんですよ。仮に上限が同じだったら、フェルミ理論ならスペクトルのmaximumがもっと右のほうにくるんです。実験では左に偏っているんですよ。これをどうするかということで、コノピンスキーとウーレンベックがどういったかというと、ニュートリノのエネルギーの大きい、運動量の大きいのが多く出やすいように、ニュートリノの微分項を相互作用に入れればよろしい、片ちんばにしたらよろしい。だからあまり理論としては感心せんわけです。われわれ理論のものから見れば、そんなけったいな核はありそうもない。しかし、いろんなベータ・スペクトルを分析しましてね、これを適当な方法でプロットします。これをカリー・プロット（Kurie plot）といいます。このカリー・プロットに乗るようにするのには、微分項が必要でした。この頃、私の中間子論がすでに出ていましたからね。中間子論でもそれをやろうとしますとですね、中間子の寿命がものすごく短くなったり、いやなことがいろいろ出てくるんですよ、ニュートリノの微分項が入っていますとですね。そんなの困るからまちがってると私は思った。しかし、実験の人は全部これにひっかかった。ところがしばらくしたら、これ全部複合スペクトルということがわかったんです。つまりいろんなレベルへベータ崩壊したスペクトルが重なっているわけです。結局フェルミのスペクトルでよく、細かくいえばフェルミ型のものとガモフ－テラー（Gamow-Teller）型の遷移とありますが、ともかくこういう寄り道をしたけれども、コノピンスキー－ウーレンベック型のものは全部複合スペクトルということがわかりました。ベーテ（Bethe）なども一九三六年頃はこんなことをやっていました。

まあしかしボーアもいろいろおかしなこともいうてるんです。いいことをいっている人は、あかんこともいってるわけですよ。いいことだけいうことは実際ないんですよ。

## 固定観念の桎梏

もうひとつだけ、ちょっと違う話ですが、念のためにはっきりともう一度中間子の交換性について申します。だいたい中間子の論文は、一、二、三、四とあるんです。著者の人数と同じです。著者がだんだん増えている（笑）。これは偶然じゃないんです。だんだん仲間を集めてきたんです。まあ向こうから来て下さったり、こちらから集めたり。第一論文では中間子はベクトルなんです。四次元的な意味でのベクトルなんです。ベクトルのスカラー成分だけ取るというつもりでやってる。だから力の符号が普通のスカラーと逆になるわけです。negative energy と positive energy の逆転です。第二論文ではスカラー中間子を取りあつかっています。第三、第四論文もベクトル中間子です。何でこういうことで終ったか、自分でもおかしいです。われわれの仲間に共通するところです。この時代になりまして、一九三七年から三八年にかけて、ケンマー（Kemmer）はスカラー、ベクトル、ギベクトル、ギスカラー、その四つ一緒にやっているんです。これは非常に心理的なことが働いているんです。ケンマーにはこだわりがなかった。私などは特にやっぱり、非常に何かこだわっているんです。つまりベクトルというのは電磁場ですね。スカラーというのはこれもまあ普通のものですね。そのほかのギスカラー、ギベクトル、そういう変換性をもった量は何か場の量みたいなものとして、大変違和感があってですね、ああいうものは後廻しにするわけですね。だからケンマーはみなまとめてやったけど、私たちはストップして、そこからあとはまあケンマーあるいはラリタ（Rarita）やシュウィンガー（Schwinger）、日本では荒木（源太郎）さんがギスカラーとギベクトルをやっている。まあそういうものがいいわけですけど、こちらは最初から、やっぱりベクトルのところに preoccupation があるんですよ。

それと同じやないかもしれないけど、ベータ崩壊の相互作用ですね。これはまた問題がありまして、しかし少し後なんですけどね。最初のフェルミの相互作用は実はベクトルなんですね。これはスカラーと思っても大して違わない。まぎらわしいけど、よく見ればベクトルです。ところが原子核のスピンが変ったり何かしてですね、これではいかんから、ガモフ－テラー型にしたんです。これは何年ぐらいかな、割と早いですね。これはつまりテンソルですよね。その後だんだんベータ崩壊の研究が進んできまして、いろんな実験が出てくる。ウー（Wu）女史が実験についていうことは信用度が高い。私がコロンビア大学にいた頃、それでスカラーとテンソルが認められたわけです。ところがあにはからんや、ベクトルとギベクトルでもよかったんですね。よかったけれど、しかし後廻しになりやすい、ところがこれまたベクトルとギベクトルに逆転したんですね。それが確定するのは割合遅いですね（一九五八年）。ずいぶんかかっているわけですよ。つまり、スカラー、テンソルという相互作用が信じられた時代がずいぶん長いわけですね。五〇年代の初め頃から七〜八年はそういう状況が続いた。私もそうやないかなと思っとったか思わされたか、そういうことがありました。不思議ですね、人間というのはすべてのものを全部公平に見ているわけではないです。しかし、あんまり公平になろうとすると何もできない。だからどっちか先にやる、その場合にやっぱり先入見が入ってきますね。まあそういうことがいろいろありました。

これからあと、中間子論は以後どうなっているか、あるいはまた谷川ボソンの話となるわけですが、これは谷川さんの独壇場だから私の話はこれくらいにします（拍手）。

## 質疑応答

――ハイゼンベルクの自叙伝（『部分と全体』）に陽電子が見つかって、陽子が今度は中性子と陽電子になる、中性子が陽子と電子になるというふうに書いてありましたが、ニュートリノは書いてなかったように思います。陽電子があったのが非常にシンメトリックで具合がよいと書いてありました。

湯川　それはそうでしょう、そこまでは書いてあったでしょう。彼はパウリと親しいですからニュートリノも知ってたかもしれません。よくわかりませんが、論文にはありませんね。まあハイゼンベルクの原子核の論文は、パウリの提唱と時間的にあまり違いませんからね。

——統計のことはまだ出ていないんですか？

湯川　いや、それは私も正確にはおぼえていません。中性子を素粒子と思ってみたりね、あるいはそれを何か電子と陽子と思ってみたり、非常に混乱しているんですよ。だから都合いい時は、素粒子ですますわけです。非常にはっきりせん立場だったと思うんです。だから私自身も混乱させられた。

——素粒子という言葉はここらへんでお使いになったのですか？

湯川　素粒子という言葉はこういう段階で使われたんです。素粒子といういい方は、中性子と陽子のこと、だから素粒子の相互作用はまずこれになる。むろんこれで止まらんわけです。全部素粒子という概念に直ちに移行しますけどね。最初はこういうつもりでいったんです。

——電子や光子はまだちょっと……？

**湯川**　それは私は何ともいうていないけども、しかし素粒子の相互作用というと、まず第一番に陽子や中性子の相互作用だったんですよね。しかし、そういうところから、中間子も出てくるし、電子、ニュートリノもあるから、もちろん全部だまって仲間に入れることになる。しかし発想としては核子が素粒子です。

——つまり逆にいうと電子と陽子とでできてないぞということですね？

**湯川**　それはもちろんそうですね。だからその背後にどういう思想があったかですよね。中性子と陽子の相互作用ではどういうふうなものか、そうすると、それの場とか、そういう考えがあるわけです。そこから中間子、さらに電子とニュートリノか、そういうふうな発想できてるわけでしょう。当然それは一般化されなくちゃならない。

——ローマの国際会議の論文集をみますとパウリは出席しているんですね。写真にのってないけど、出席者のリストにのっています。フェルミはこの会の組織委員会のメンバーだったんですね。main talks のプログラムはあるんだけども、それ以外の short communications は誰が何をやったか、原稿を出した人の分だけこの記録にのっているんです。だからパウリがしゃべったのか、あるいは個人的にフェルミにしゃべったのか、この記録で見るだけではわかりません――。

湯川　その時ニュートリノのことを話し合ったということはあるんでね。ボーア先生に遠慮していたのでしょうね、パウリは。

――それからもうひとつは、一九三五年の先生と坂田先生がベータ崩壊の論文を物理学会の雑誌にお出しになった――。

湯川　いや、題はそうなっていますけど、中身はK軌道電子捕獲です。

――たしかその中ですか、強い相互作用と弱い相互作用という、さっき未分化というお話がありましたが、それに関係したお話がありますのは――。

湯川　未分化が分化されたのはまさに中間子論です。K軌道電子捕獲はそれよりちょっと後での段階です。中村さんはその分化させた考え方をずっと行くというわけですけどね。一般にはその認識というのはまだなかったんじゃないですか、中間子論以前には。今となれば非常にはっきりと違うものですけれどね、私の話は全部我田引水すぎますか

(笑)。

これは全部余談やけど、ちょっと思い出したことがある。μ中間子ですがね、アンダーソン(Anderson)が見つけた時には heavy electron という言葉が使われた。これはμについては当っているわけですね。確かに質量が重いだけで、あとはよう似たもんやと。しかし、この線でもしいってたらですね、核力の話は何もないわけです。だからやっぱり二中間子論になっていくというのは、ごちゃごちゃしているようだけども、それしか道はないんだな。後になると新粒子がパーッと出てきますが、しかし一九三〇年代まではむしろね、そういうふうには思っていない。つまり、理論家は新粒子はできるだけ認めない。それが一九四〇年代の終り頃から逆転しだす。ところが実験家はやや違っていた。その証拠にですね、非常に質量の小さな電子の数倍とか数十倍ぐらいの粒子があるんやという実験が何ぼでも出てくる。ベータ線でもあったんです。あれは湯浅年子さんもやっていたんです。それからアンダーソン自身もずっと後ですけれどやった。電子の七〇倍か七五倍の粒子もあるらしいとかいうんですね。そんなん、ぼくはないと思ってた。それは全部消えていく。π、μより低い所は全部消えるんです。ずいぶんあるという実験が出てるんです。電子の数倍とかいうのはよく出たんですよ、全部ダメです。100MeV 近くまで空いているわけです。途中あるかもしれませんよ。しかし昔やったやつは全部ダメだった。

――若い方の発言がないんですけど、何かあったらこの機会に、どうぞ。いろんな学校から大学院の方に来てもらっていると思いますが――。

**湯川**　多分あんまりそこいらの教科書に書いてない話が多かったと思うんですけど、私の記憶の間違いがあるかもしれんし、我田引水も多少あるけど、大体ウソいってないと思います。

――ニュートリノについてのパウリとボーアの考え方について、昔からエネルギーの保存則というのはいろいろ改良されてきているわけです。例えば、運動エネルギーだけではダメで、ポテンシャル・エネルギーまで入れる、その次には熱エネルギーとまあそういうふうに。その時ボーアが考えたのは、例えば熱には変らない何か他のエネルギーの形として変っているというふうには考えなかったのですか?

**湯川**　そう考えたんじゃなくて、要するにエネルギー保存則は成り立たない。ボーアは馬鹿なことを考えたようだけれども、これはしかしパリティ非保存という話とね、違う話のようやけど実は強いてつなげればつながる。つまりボーアはパリティ非保存のほうは、最初は賛成せんわけです。けれども否応なしに信じさせられた。パウリもニュートリノという粒子を持ち込んだけれども、それは保存則を救うためだから、当然、パリティ非保存には最初は賛成しなかった。それから、リー（Lee）、ヤン（Yang）というのはボーアのほうに近いわけですが、ごつい話に発展しなかった。ごつくないのは私の気に入らん。パリティだけつぶれて後はあまり影響せん。ガタガタとビルディングを壊す話にならんですよね。ちょっと修繕する話です。私はまったく壊してしまう話です。しかしボーアという人は割と保守的な人です。非保守的な人が壊すことをいうとる。壊してどうなるかというと、ないことはないね。統計的なボーア－スレーター（Bohr-Slater）の理論というのがあるね。一つのプロセスでエネルギーと運動量が保存しているのではないという意味で、非常に統計的にしか保存されていないという話です。

〔一九七四年一月二九日、京都大学基礎物理学研究所での講演〕

（一九七五年七月号）

巻末対談

# 京都と日本を語る

水上 勉×湯川秀樹

**水上**　先生は花がお好きでしょう。
**湯川**　もちろん好きですが、どうしてご存じですか。
**水上**　私はこのあいだ北海道へ行ったんですわ。そしたら釧路で……。
**湯川**　そや、そや。なるほど。（笑）
**水上**　はるけくもわれはきにけり霧深き釧路の磯のはまなすの花――私はあの先生の歌が好きで、湯川先生は啄木が好きなんじゃないかと……。
**湯川**　啄木は好きですわ。ずっと昔、北海道大学へ行って、講義して、あと汽車に乗って、釧路で降りるつもりで行きますと、あの辺に来ると、海岸に赤い花がパッと咲いておるのや。そこへ霧がかかりかけて、これはいいなと思って、聞いたら、これは浜茄子(はまなす)やという。なにか漂泊の旅という感じです。いいなと思って、全然ちがう所へ来たような感じがしまして、そのときにあの歌をつくったんですけれども。
　私が啄木を好きやというのは、彼が二十七くらいで死ぬまぎわに、五百首ほど集めて『一握の砂』を出す。これは五百首ほとんどみないいんですね。歌集のなかでこんなものあらへんですよ。私の知っている範囲では、西行法師はたいへんな天才でして、ものすごくいい歌があるのやな。ところが『山家集』のなかで、いいなと思うのは、ほんの五分の一か十分の一や。ところが、啄木の『一握の砂』は全部いいのやな。彼は早く死ぬわけですけれども、死ぬ前につくったのがようて、その前にいろいろつくったのは、みなあかんのや。急によいのを五百首かつくって、それで死んでしまうわけやな。人間というのは、ああいう生き方がええですね。

**水上**　ぼくは、湯川先生という人はたいへんなえらい学者で、自分からは遠い人やと思うてたんです。ところが、釧路であの歌を読んだとき、えらい近い人に見えて……。

**湯川**　それはうれしいな。

**水上**　私も京都ではたちまで育ちましたけれども、先生はずっと京都で、日本を代表する学者になってはるけど、やはり同じこと歌うてはるなとふと思うて、うれしゅうて、うれしゅうて。

**湯川**　私の好きな人を見ますと、なにかの意味で漂泊、というか、あっちこっち遍歴しておるのやな。それでないと、ピンと来んのやな。ちがう例をいいますと、たとえば在原業平というのがある。これは歌をつくったらうまいし、美男子でなんとかという。それは美男子であるほうがええですよ。しかし、美男子であってもなくても、在原業平はやはり放浪しておるのやな。天皇の孫か曽孫くらいになる京都のええ家柄やけど、うまいことといかんわけやね。反体制になるわけや。それでこれはあかんというわけで東下りをやって、あっちこっちで歌をつくって、それが『伊勢物語』といわれるわけですわね。だから、歌もやはり放浪しておる。もともと貴族やけど、放浪しておる。そして歌をつくる。やはりいいですわな。西行だってそうだし、芭蕉でもそうだし。私はそういうのが好きや。

**水上**　先生が京都人であり、京都に育たはって、たいへんな学者になられて、そして放浪というものに肌をすり合わせていらっしゃるというのは、おもしろい。京都というところは、そういう漂泊の戻り場所であり、出発地であったりして、それがまた花と結びついているわけですね。西行桜というふうに。

**湯川**　そうやな。

**水上**　大原の寂光院は何やというたら、あそこにはちゃんと藤がある。木と花と結びついてそういう場所がある。先生が釧路へ行かれて、京都にない花やというて浜茄子をうたうておられる。これはさか立ちしても京都にはない花。同じ心で見てはるなと思うた。

**湯川**　これはえらい遠い所へ来たけれども、ここに心に残る花が……。それは京びとの漂泊ですか。

**水上**　自分を見てはるんですね。

**湯川**　そういうことや。

**水上**　だから、盆地の底のすり鉢のようなまちで、じつは外に憧れても、出ていってよその城を取ってくるということではなかったんですね。そういうものじゃないんですね。

**湯川**　そうなんですね。

**水上**　京都はやはりみやびの根ですね。

## 私小説の元祖

**湯川**　話が変わるみたいですけれど、京都大学は探検大学といわれたのやな。探検大学というのは何かというと、山登りするわけや。日本の山へ登る。それから、蒙古のほうへ行ってみたり、ヒマラヤへ行ってみたり、とにかくあっちこっちへ行って山へ登る探検大学やといわれた。そこで探検に行く人を見ておりますと、いかにも土着の京都人が多いのやな。土着の京都人がなんで探検に行かんならんか。おかしいなと思うけれども、土着の京都人であればこそ探検に行く。昔の西行法師でも、在原業平でもそうやけれども、京都みたいな盆地で、そのなかにいい文化があって、ここで満足したらええのや。ええけれども……。

**水上**　出て行かんならん。

**湯川**　出て行くのはやはり漂泊の旅で、漂泊の旅で出て行くと、昔なら、そこでえらい歌をつくったりする。今やったら、ヒマラヤかどこかへ登ったりする。これはあまりちごうたことやないような気がするな。どうですか。

**水上** そんなこと、だれも言うてませんね、これはおもしろい。

**湯川** 西堀栄三郎さんとか、今西錦司さんとか、梅棹忠夫さんとか、たくさんいるでしょう。これみな山きちがいや。これほんとに京都の人や。京都のほんとの町衆の……。

**水上** 町衆が漂泊者になっている。

**湯川** 町衆がまた同時に漂泊者になる。たとえば川喜田二郎という人がいて、移動大学をつくる。なんで大学が移動せんならんかと思うけれども。(笑)

**水上** 西行大学、業平大学ですか。(笑)

**湯川** そのほうや。そういうところがあるのやな。

**水上** 実際に漂泊できない場合に、精神的に漂泊しているということもありますね。

**湯川** そうなんや。能因法師というのがありまして、じっさい旅もしたらしいけれども、白河の関に行ったことにして、ちょっと顔でも黒くなっておらんとぐあいが悪いというので、顔を出して陽に焼けるようにして(笑)、それで「都をば霞とともに立ちしかど……」とやるわけや。

**水上** また都を思うてうたった歌がみな秀歌でしょう。

**湯川** これがまたあるね。

**水上** 『万葉』でも、「みゆきふる越の大山行きすぎて、いずれの日にか都を……」とかいう……。左遷されて行く人のは、みな京恋歌ですね。

**湯川**　ありますね。私の好きな菅原道真、これは典型的な京都人です。この人は結局筑紫へ行き、そして太宰府で死ぬわけですけれども、最後まで京都のことが恋しくてしょうがないのやね。死ぬに死ねんわけや。私の感じでは、菅原道真という人は、日本のいわゆる私小説の元祖やという説なんです。というのは、彼の漢詩ですよ。いろいろ読んでみますと、メソメソしておるのやな。菅原道真というのは、およそ英雄とは感覚がちがいまして、すべての点でメソメソしておる。

**水上**　そうか、私小説ですか。

**湯川**　私はどう見ても、私小説の元祖は菅原道真。子どもが七つになって死ぬんですね。もうそれで悲しゅうなって、長い長い詩をつくる。夜寝たら夢に出てくる。目がさめたら、涙があふれてきた、生きておったときは何かしておったとか、メソメソと長い詩に書いている。これはいいですね。

**水上**　なるほどおっしゃれば、有名な「こち吹かば……」、やはり京恋いですね。

**湯川**　京恋いなんです。まだ家が京都にあるので、奥さんを京都に置いておるのやね。奥さんが久しぶりに太宰府へ便りをしてくるわけです。そうすると、手紙といっしょに筒になにか食べしろみたいなものが入っておるのですね。手紙には、自分の家のどちらのほうに建っている建物は人に貸してしもうたとか、取られたとか、哀れなことがいろいろ書いてある。ところが、奥さんとか、娘とか、家族がどんなに苦しんでおるかということは全然書いておらへん。書いておらへんので、ますます胸がつぶれる思いやという。これはまたものすごくいいんですよ。それで最後まで全然悟られへんのやな。私はそれを見ていて、菅原道真がものすごく好きになりましてね。まさにそういう綿々たるものが日本の伝統にやはりあるわけでしょう。

**水上**　そうですか、なるほど。やはりえらい人はだいじにして、ちゃんと祀ってはりますね、天神さんで。（笑）

**湯川**　京都の人というのは、そういうものにたいして理屈をいわんでも、ふっと同感するものじゃないでしょうかね。

## 京びとの消えていきかた

**湯川**　私はどっちかというと、太平洋岸の傾向の強い人間だと思うんですけれど、小さいときからずっと京都におりましたから、京都の気風というものは、からだや心のなかにもしゅんでおります。長いあいだの観察の結果は、京都はどっちかというと、やはり裏日本的な傾向のほうが強い。もともと京都は、裏と表とのかなめの場所にあることは明白で、道がそういうふうについているんですからね。山陰のほうや北陸のほう、それから東海道、山陽道。それで山陰、北陸からも人がたくさん入ってくる。もちろん表側からもたくさん入ってくるわけです。

京都の家のつくりを見ましても、うなぎの寝床みたいな家をこしらえて、表は狭うて、奥はずっと広くあるというのは、だいたいこれ裏日本的なものでしょう。たとえば東京の家と比べますと、東京というのは、表に大きな門をデンと建てまして、二本柱を立てて、門構えのごつい家ですね。京都はその反対に、入口は小さくして、なかへ入ったら広くて、そこにいろいろきれいなものがあったりするわけです。京都では、昔から名の知れたしにせというても、どこにあるかわからへんのやな。これは大阪ともちがいますし、東京とももちろんちがいまして、東京や大阪では、有名な店はデンとしておるわけですよ。これ不思議なことやと思うんですけれども、それがまず京都というものの第一の性格づけになっておるわけやな。

**水上**　東京の大きな玄関みたいなもの、京都の人は恥ずかしくてつくらんのですね。（笑）

**湯川**　そういうセンスがあるのやな。

**水上**　あるんですね。私は若狭の生まれで、おやじは大工でございましてね。若狭の家は、北のほうにぎりぎりに家を建てておらぬ。背戸口とか納戸の裏にあき地があって、まんなかに柿の木が植わってたり、山椒が植わってたりする。東京は、南のほうを広くとってしもうて、北はすぐ隣りの屋敷になっておるような……。最初、東京へ行ったときに、不思議に思いました。

湯川　京都の町家は、表は狭いけれども、なかへ入ると、奥行きが長い。ところが、私はあっちこっち住まいをかわりましたけれども、私のおやじは本をたくさん持っておるし、また家族が多いものですから、広い借家をさがすわけです。大学の先生なんて、まだ自分で大きな家を買うほどのしんしょはないわけです。そこで広い家といってさがしますと、京都に残っている公家の屋敷ですよ。これはりっぱなもので、お寺の門みたいに屋根がついた門がありまして、棟の瓦に紋がついたりしている。玄関に式台があり、式台の両側には柊の木と竹が植わって、供間というのがある。裏庭があって、納戸がある。それから一段高い部屋があったり、昔、牛車に乗り降りした場所みたいなものがちゃんとあったりして、そういうものを見ると、なかなか豪勢だけれども、それはしかし要するに昔そうだっただけで、ご当人は、顔を見たことはないけれども、もう逼塞寸前です。

水上　なるほど。

湯川　そこの人はもうどこへ行ったかわからんようになっているわけです。家は新しい金持ちが買うて、もとの持ち主の何々子爵という人は、どこかへ行ってしまったわけです。ところが、もとの持ち主がどこへ行かれたか、全然うわさにも上らんわけです。というのも、これは京都らしいでしょう（笑）。私はお寺のほうのことは何も知りませんけれども、お公家さんというのは、顔を見たことはあらへんのやが、笙の笛かなにかを吹いておられるのやね。その音が朝から晩まで聞こえてくる。なんともいいのですよ。しかし、ご当人は、姿なんか見せない。

**水上**　なるほど、いい話だな。

**湯川**　これはやはり京都の一つの面ですね。いまはそういう面は京都にはないんじゃないですかね。こうした公家が平安時代からの文化のにない手であったわけやけど、没落した。しかし、没落のしかたもきれいに、どこへ消えたかわからんような没落のしかたやな。

**水上**　ほんとうの平安びとが生きていた。

**湯川**　それから、私の元いた借家ですけれども、借家の大家さんが奥におる。それがいま言うた笙の笛を吹いておるんやけど、そのお向かいに、やはりお公家さんか華族さんか、住んでおるのやな。そこはまたちょっとちがいまして、御大典のとき五節の舞というのがありまして、きれいなお嬢さんが五人、出て舞う。その一人に選ばれたきれいなお嬢さんがおられるということで、はなやかなんですけれども、そのうちどこかへみな行ってしまうわけやな。私のおった所は御所に近いので、近所に、昔のそういう堂上華族という人が何人かおられたけれども、いつの間にかどこへ行かれたかわからへん。あとは新しい金持ちの家にかわっていく。その消えて行き方がよろしいな。

## 京の職人、京の文化

水上　私は禅宗の小僧でした。京都五山。なんといっても臨済禅が中心ですから、雲水は京都へ集まったようです。私は相国寺という寺だったんですが、若狭の貧乏な家の子が行ってみて、大きな寺で、檀家は一流の人でございましょう。そこへ棚経に行ったりする。まばゆいような気がしました。禅坊主には、寺なんかほしくないという修行徹底した坊さんももちろんいやはったかわりに、教団をお守りするという別の才能のある人がおらんことにはあかんので、両方の人がお寺に住んでいやはったわけです。私はそういう二つの和尚さんたちを見ながら育ったのですけれども、いま思い出していちばん取柄なのは、京都のりっぱな旧家の裏へのこのこ入れたことですね。

お寺さんでないと仏間に通してもらえんような旧家がございましたでしょう。入口と門はわかっておるけれども、この仏間はどないなっているのやろなというような家がぎょうさんあります。とくに室町のしにせでございましたね。これはなかへ入ると御殿みたいで、蔵が五つほどあったり、廊下がずっとつづいておって、中庭、坪庭、こんなところにまだ庭先があるわというふうな。そしてちゃんとしつけられた上女中さんがいやはって、大おばあさん、大おじいさんがまだ息災で、その人の居間はどこにあるのか。奥の間、それからその人たちの居間から、いちばんちゃんとした蔵前のほうに仏間があった。そこへ小僧の私がひょこひょこ天下御免で年に一ぺん入れるわけでございます。

**湯川**　それはおもしろい経験ですね。

**水上**　そういったことが実際の生活としてあったわけですけれども、そういうことから、和尚さんに習わぬ何か識見を得た。また、そういう家にはしつけというようなものがあって、それが自分になにされて、それではたちまでおりましたために、若狭の大工の子なんだけれども、どこかそんなようなことを授かったことをありがたいと思うのです。またそういうものを京都の禅宗のお寺というものは、黙って学ばせましたね。

**湯川**　なるほどね。

**水上**　東京の寺には、そういうことはないのじゃないだろうか。東京へ行ってからも和尚さんに会いましたけれども、ちょっとそういうところはありませなんだ。

**湯川**　ついでにちょっと伺いますけれども、京都のそういう旧家は、法事も祝事も家でする。その料理は、家でするか、取りよせるか、いろいろあるでしょうけれども、いろんな道具類のりっぱなものを揃えておかんならぬ。これが京都の職人を育てた。これは実際にあるわけでしょう。

**水上**　ええ。

湯川　そういうところのお蔵へ行けば、何十人前かのりっぱな塗り物が揃うているとか、そういうことになるんだろうと思いますがね。

水上　仕出屋やアルミのお汁缶だけ持っていけばよい。そこで炭火さえいただけば、器は五十人揃いまして、仏事が営める。それがおのずから京都の職人文化と結びついていた。そしてその職人が暦を持つようになりますね。

湯川　なるほど、なるほど。

水上　七回忌が過ぎたら十三年忌があるというふうに暦を待つ。そうすると、その職人の家では、わしは死ぬやろけれども、これだけはおまえはせんならんよと、遺言になってゆくわけですね。申し置きの暦があるわけですね。大福帳みたいなものに墨でちょこちょこ書いておかはるのか知りませんけれどね。そうすると、味を落とさんようにせんならん。先代さんのままのものを持っていかんならぬという技法の伝授が、おのずから生じることになる。また、そのとき寺の管長さんを呼ぶから、禅宗の精進料理の極意といったものと商売とがこれまた結びついて、職人がちゃんと禅味を伝えるということが残るわけですね。商家とお寺のそういう微妙な結びつきのなかに、大切ないいものがいっぱい残ったのでしょうね。

湯川　それはよくわかる話やな。そういうところでお互いに助け合って、ある種の文化というものができていって、そしてたとえばお茶とかお花とかがついてくるでしょう。

そうすると、お茶はお茶でこれまたお茶事をする。それがまた職人と関係がつくのやね。また一つの文化ができていく。京都の文化というものはそういうものですね。

**水上**　何げなく庭へ来てはる腰手拭のおじいさんがどこにでもいやはりましたね。あれはこわいですよ。

**湯川**　そうですね。

**水上**　いまさっきちょっと龍安寺の庭いじってきたいうて、帰りにちょっと寄らはったり。それは国宝級のものにポンと鋏を入れてきやはった人ですからね。

## 生きがいを支えるもの

**湯川**　そういうことやな。それは京都にもあるし、またいろんな地方の、もっと辺鄙なところにも、昔からの、たとえばほかではつくれぬ紙をつくっているとか、いろんなことがあるわけですね。ところが、一方には大量生産的に、簡単なことばを使えば工業化によって、似たような、似而非なるものを千もつくるというようなことがありますと、結局昔からのものを十つくっているという人は、自分の代でしまいで、子どもはもうやらへんというようなことがあっちこっちで起こっていく。それなら絶えるものは絶えてそれでいいのかというと、私はそうやないと思うんですよ。人間というのは、いったいこれから先、生きがいとかしあわせとかいうものをどこへ求めていくかということになりますと、機械的な仕事をくり返し、同じ製品をこしらえて、しかもそのごく一部分だけの仕事をくり返してやっていても、それはやはり生きがいにならんわけですね。

水上　そうです。

湯川　そうすると、その生き方をどこに求めるか。こんどはレジャーでいこう。労働時間が減ったから、休みをたくさん取ってどこかへ行く。それはスキーに行っても、海水浴に行ってもご自由だけれども、それでほんとに生きがいが得られるかというと、これははなはだ疑問なわけですよね。それはたちくらいまではそれですむかもしれんけれども、そこから先一生は長いから、どないするか。そうすると、一月もかかってなんぞ一つのものをつくっておったというまったく非能率的なことのほうへ、むしろこれからの生きがいはもっていったほうがいいのやないか、そういう時代にたしかになりつつあるわけですね。

水上　もう始まっていますね。

湯川　だから、そういうものは絶えてしまわんうちに残しておかんと、新しくサッとやるというわけにはいかぬ。長い伝統をもっているわけでしょう。

## 文化は路だ

**水上**　一つの例でございますけれども、越前の河和田というところがございます。ここは小さい村なんです。杉の木が、お宮さんにあるような大きなのがそこらじゅうにあるわけです。そこはなんとなくのどかなんですわ。不思議やなと思ったら、漆器をつくっているんですね。漆器をつくっているんですけれども、木地もやらはるんですわ。輪島は、木地はよそから持ってこさせて、塗りだけでいくとか、日野椀というけれども、木地はよそから貨車で来て、塗るということになっておるけれども、河和田というところは、自分で苗を植えて、木からやってはるんですね。この木を切ったら、お椀が千つくれるというような木ばかりですわ。おやじさんが年取ってくると、子どもに、もうぼつぼつ京の本山のお椀がいたむころや、十年ほどすると、それが来るさかいに、おまえ、せいぜい肥やしやっておけ、というわけです。

**湯川**　気の長い話やけども、それはおもしろいな。

**水上**　そこに過疎ということはありえないのです。日本じゅうからそこへ買いに来る。有名な寺の和尚もくる。そうすると、そこの娘なら娘が、こんなえらい人が玄関でうちのお父さんに頭を下げていやはる、誇りというものをもちますわな。だから、それを守って出て行かんのです。しておることは、量産じゃのうて、轆轤まわしをやったり、あたり前のことをこちこちやっている。ベークライトのものも、このごろのことだから、注文のある場合は、これはあかんものやでと言いながら塗っておるわけです。だから、それを買いに来やはる人はあかん人やと思いながら、売ってるわけですね。娘さんの知恵はお父つあんから肌から入ったわけでしょう。だから、見る目ができておりますわ。そういったことで、きれいな杉に囲まれた村です。そして川の流れもきれいです。自分らの生きる材料を洗わんならんから、ごみのない川をつくっております。辺鄙なところですがね。そこまで汽車は行っておらんですが、ここに過疎はない。

**湯川**　それはたいへんいい話やな。そういうものを昔からずっともちこたえてきたところは、もちこたえていけばいけるのやな。

**水上**　いけます。都とむすばれた地方の精神というようなものがそこにはある。文化は路だ。私はこんな抽象的なことばがそこに生きている具体を見た気がして、ほんとうに感動しました。

**湯川**　そうですか。やはり望みないことはないですね。

（一九七一年五月一三日　京都東山・東籬にて）

# 対談後記

水上 勉

この対談は、十年程前のものである。中央公論社が、『海』の特集号として「京都」を企画し、当時編集者だった佐藤優氏が私と湯川先生を、東山の東籬であわせた。この夕刻から三時間ばかりのことをよくおぼえている。湯川先生とは初対面だったからでもあるが、先生が鉄無地の着物に、焦茶の中折帽をかぶって、これも茶色の巾着みたいな小袋を一つ下げて玄関をあがってこられた。案外だった。失礼な物言いになるが、思ったことだから正直にしるせば、「のんきな父さん」のような歩き方で、ひょいひょいと敷瓦の玄関をやってこられるのを見て、私は大学者とは、こういう風格か、と眼のウロコがひとつ落ちる気がした。階下の庭の見える部屋で、佐藤さんも入って三人が食事をしながら対談に入った。のっけから、物おじしていないふうに見えるのは、酒が入ったせいもある。内容は、読んでいただければわかると思うが、速記者が去ってから、まだ、先生と長しゃべりしたように思う。

私は、後半に越前河和田の漆器についてしゃべっている。じつは、若狭にも、京都の寺や旧家とつながった地方人の暦はふかくあった。周山に通じる鯖街道や、京友禅の染工や、西陣の織り子に若狭からずいぶんの子女がきていたこと、京菓子の老舗でも若狭の丁稚奉公人が働いたことなどをいった気がする。つまり、京の食文化、衣文化を、縁の下でささえていた奉公人のことを強調したのだったが、湯川先生は、こんな話にもあいづちを打ってくださって、たいそうご機嫌がよかったように思う。この時の話し足りなかったことが、のちNHKの「人間の発見」シリーズでの対談で、大阪まで出かける縁に恵まれた。私がホテルから先生のお宅までお迎えにいって、二台の車で大阪までいった。この時は、私は八度五分の熱で風邪がひどかった。NHKについてから、先生は、私にヴランディを呑むようにといってくださり、一、二杯あふってスタジオへ入った。対談は「情」についてだった。先生は近松門左衛門の諸作品について話されたが、「大経師昔暦」の茂兵衛が、丹波柏原が在所であり、そこで捕捉されたことに、興味をしめされていたことが、いまも念頭をはなれない。

私は、湯川先生とは、この二回の対面をもっただけで、それきりお会いできる機会はなかった。先生は、私のような、禅坊主の落ちこぼれで、しかも小説を書いているような者に、興味をもたれていたようだ。二回とも、やさしかった。これといったことのいえない、常識的な私のせまい体験談などに、聞き上手に耳をかたむけて下さったのである。ありがたいことだった。

大きな星が一つ私の京都から消えた気がする。合掌。

（みずかみ・つとむ　作家）

（『中央公論』一九八一年一一月号　湯川秀樹博士追悼未公開対談）

資料

# 自然〔追悼特集〕湯川秀樹博士——人と学問（一九八一年一一月増刊号）目次

思い出すこと／学術の交流／観測の理論Ⅰ～Ⅲ／旅のノートから／中間子論の模型と方法／若い人々へ／仁科芳雄先生の思い出／素粒子論の現状と将来／科学の進歩と国際協力／素粒子の統一的理論への試み／素粒子論はいずこへ／所究者としての人間／理論物理学の伝統について／将来計画の意義／二つの道を一つに／物理学の老化と若返り／科学者の創造性／素粒子論の現状と将来／物理学者群像／日本の科学の一〇〇年／ベータ崩壊の古代史／湯川・朝永宣言／座談会・基礎物理学研究所をめぐってⅠ（小林稔・湯川秀樹・長谷川万吉・武谷三男・中村誠太郎・高木修二・吉田思郎）Ⅱ（小林稔・朝永振一郎・坂田昌一・湯川秀樹・藤本陽一・木庭二郎・小谷正雄・松原武生）

---

湯川理論発展の背景／湯川理論展開の径路ⅠⅡ／中間子論の三〇年（以上・坂田昌一）／中間子理論の創世記（谷川安孝）

## 編集付記

一、本書は『自然　［追悼特集］湯川秀樹博士——人と学問』（一九八一年一一月増刊号）「再録『自然』に寄せられた戦後三〇年の行跡」を再編集し、巻末に水上勉との対談を収録したものである。中公文庫オリジナル。

一、テーマが広汎なものをI部に、素粒子論など専門性の高いものをII部に収めた。

一、正字旧仮名遣いのものは新字新仮名遣いに改め、明らかに誤植と思われる箇所は訂正した。人名・地名は現在一般的に使われているものに統一した。難読と思われる語にはルビを付した。

一、「素粒子論の現状と将来」は同一タイトルのものが二つあったため、本書収録に際し、それぞれにサブタイトルを付した。

一、本文中に今日では不適切と思われる表現も見受けられるが、著者が故人であること、発表当時の時代背景と作品の文化的価値に鑑みて、底本のままとした。

一、本書中、「日本の科学の一〇〇年　物理学者の視点から」は令和三年七月三〇日に著作権法第六七条の二第一項の裁定を受け収録したものである。

中公文庫

# 科学者の創造性
## ——雑誌『自然』より


2021年10月25日　初版発行

著　者　湯川秀樹

発行者　松田陽三

発行所　中央公論新社
〒100-8152　東京都千代田区大手町1-7-1
電話　販売 03-5299-1730　編集 03-5299-1890
URL http://www.chuko.co.jp/

ＤＴＰ　嵐下英治
印　刷　三晃印刷
製　本　小泉製本




Published by CHUOKORON-SHINSHA, INC.
Printed in Japan　ISBN978-4-12-207131-5 C1195

# 中公文庫既刊より

各書目の下段の数字はISBNコードです。978－4－12が省略してあります。

み-39-1
## 哲学ノート
三木　清
伝統とは？　知性とは？　天才とは何者か？　指導者はどうあるべきか？　戦時下、ヒューマニズムを追求した孤高の哲学者の叫びが甦る。〈解説〉長山靖生
205309-0

わ-11-3
## 桂　離　宮　様式の背後を探る
和辻　哲郎
古今集の風景観をイメージして造られた桂離宮。創始者八条宮と周囲の人々、美意識、制作過程など様式の背後を克明に描く。美の極致を捉えた注目の美術論。
205447-9

わ-11-4
## 和辻哲郎座談
和辻　哲郎
学友・谷崎潤一郎のほか、志賀直哉、柳田國男、高坂正顕、幸田露伴ら多彩な顔ぶれと自在に語る。オリジナル編集による初座談集、全十篇。〈解説〉苅部　直
207010-3

て-8-1
## 地震雑感／津浪と人間　寺田寅彦随筆選集
寺田　寅彦
千葉俊二
細川光洋　編
寺田寅彦の地震と津浪に関連する文章を集めた。地震国難の地にあって真の国防を訴える警告の書。小宮豊隆宛震災絵はがき十葉の図版入。〈解説・註解〉千葉俊二・細川光洋
205511-7

て-8-3
## 漱石先生
寺田　寅彦
自他共に認める別格の弟子が文豪の素顔を親愛の情を籠めて綴る。高等学校での出会いから周辺に集う人々まで。文庫オリジナル。〈巻末エッセイ〉中谷宇吉郎
206908-4

う-15-10
## 情報の文明学
梅棹　忠夫
今日の情報化社会を明確に予見した「情報産業論」を起点に、価値の生産と消費の意味を文明史的に考察し、現代を解読する。〈解説〉高田公理
203398-6

う-15-12
## 行為と妄想　わたしの履歴書
梅棹　忠夫
すべての探検と学究の糸口は妄想からはじまった。国立民族学博物館初代館長、碩学が初めて綴った、思索の道筋。日経新聞「私の履歴書」に大幅加筆。
204006-9

う-15-15
女と文明
梅棹忠夫
半世紀以上前に発表するや賛否両論の大反響を巻き起こした「妻無用論」「母という名のきり札」。先見的な女性論、家庭論を収録。〈解説〉上野千鶴子
206895-7

う-15-9
文明の生態史観
梅棹忠夫
東と西、アジア対ヨーロッパという、慣習的な座標軸のなかに捉えられてきた世界史に革命的な新視点を導入した比較文明論の名著。〈解説〉谷　泰
203037-4

う-16-3
日本人の「あの世」観
梅原　猛
アイヌと沖縄の文化の中に日本の精神文化の原形を探り、人類の文明の在り方を根本的に問い直す、知的刺激に満ちた日本文化論集。〈解説〉久野　昭
201973-7

う-16-4
地獄の思想　日本精神の一系譜
梅原　猛
生の暗さを凝視する地獄の思想が、人間への深い洞察と生命への真摯な態度を教え、日本人の魂の深みを形成した。日本文学分析の名著。〈解説〉小潟昭夫
204861-4

た-20-10
宇宙からの帰還　新版
立花　隆
宇宙体験が内面にもたらす変化とは。宇宙飛行士十二人に取材した、知的興奮と感動を呼ぶ壮大な精神のドラマ。〈巻末対談〉野口聡一〈巻末エッセイ〉毛利　衛
206919-0

た-20-2
脳　死
立花　隆
人が死ぬというのはどういうことなのか。人が生きているとはどういうことなのか。驚くべき事実を明らかにして生命倫理の最先端の問題の核心を衝く。
201561-6

や-73-1
暮しの数学
矢野健太郎
絵や音楽にひそむ幾何や算数など、暮しのなかに出てくる十二の数学のおはなし。おもしろく読めて役に立つ、論理的思考のレッスン。〈解説〉森田真生
206877-3

も-32-1
数学受験術指南　一生を通じて役に立つ勉強法
森　毅
人間は誰だって、「分からない」に直面している。「分からない」とどう付き合って、これをどう味方にするか。受験数学を超えて人生を指南する一書。
205689-3

各書目の下段の数字はISBNコードです。978－4－12が省略してあります。

の-18-1
**まるさんかく論理学　数学的センスをみがく**
野崎昭弘
「珍しい数」ってなに？　どうして鏡は上下逆さまにならないの？　日常の謎やパズルの先に広がる豊かな〝論理〟の世界へいざなう、数学的思考を養える一冊。
207081-3

い-104-1
**近代科学の源流**
伊東俊太郎
四～一四世紀のギリシア・ラテン・アラビア科学を統一的視野で捉え、近代科学の素性を解明。科学史の忘れられた一千年の空隙を埋める名著。〈解説〉金子　務
204916-1

た-95-1
**すごい宇宙講義**
多田　将
空前絶後のわかりやすさ、贅言不要のおもしろさ！　ブラックホール、ビッグバン、暗黒物質……異色の物理学者が宇宙の謎に迫る伝説の名著。補章を付す。
206976-3

た-95-2
**すごい実験**
多田　将
空前絶後のわかりやすさ、驚天動地のおもしろさ！　地球最大の装置で、ニュートリノを捕まえる⁉　文庫化に際し補章「我々はなぜ存在しているのか」を付す。
207005-9

た-77-1
**シュレディンガーの哲学する猫**
竹内　薫／竹内さなみ
サルトル、ウィトゲンシュタイン、ハイデガー、小林秀雄——古今東西の哲人たちの核心を紹介。時空を旅する猫とでかける、「究極の知」への冒険ファンタジー。
205076-1

ち-8-1
**教科書名短篇　人間の情景**
中央公論新社編
司馬遼太郎、山本周五郎から遠藤周作、吉村昭まで。人間の生き様を描いた歴史・時代小説を中心に中学教科書から厳選。感涙の12篇。文庫オリジナル。
206246-7

ち-8-2
**教科書名短篇　少年時代**
中央公論新社編
ヘッセ、永井龍男から山川方夫、三浦哲郎まで。少年期の苦く切ない記憶、淡い恋情を描いた佳篇を中学教科書から精選。珠玉の12篇。文庫オリジナル。
206247-4

ち-8-9
**教科書名短篇　家族の時間**
中央公論新社編
幸田文、向田邦子から庄野潤三、井上ひさしまで。かけがえのない人と時を描いた感動の16篇。中学教科書から精選する好評シリーズ第三弾。文庫オリジナル。
207060-8

ウ-11-1
新しい学（上）
ヴィーコ
上村忠男 訳
デカルトの科学主義に立ち向かい、人間の歴史の価値に光をあてるヴィーコ。歴史・神話・風習・言語・芸術・貨幣などを読むことで、〈真なるもの〉に迫る。
206591-8

ウ-11-2
新しい学（下）
ヴィーコ
上村忠男 訳
古代ギリシア・ローマの歴史と思想に探求の歩を進め、文明や社会の成り立ちとその実質について考察を展開。「第2巻第4部　詩的政治学」以下を収める。
206592-5

カ-6-1
塩の世界史（上）歴史を動かした小さな粒
M・カーランスキー
山本光伸 訳
人類は何千年もの間、塩を渇望し、戦い、求めてきた。古代の製塩技術、各国の保存食、戦時の貿易封鎖とともに発達した製塩業……壮大かつ詳細な塩の世界史。
205949-8

カ-6-2
塩の世界史（下）歴史を動かした小さな粒
M・カーランスキー
山本光伸 訳
悪名高き塩税、ガンディー塩の行進、製塩業の衰退と伝統的職人芸の復活。塩からい風味にユーモアをそえておくる、米国でベストセラーとなった塩の世界史。
205950-4

か-80-1
兵器と戦術の世界史
金子常規
古今東西の陸上戦の勝敗を決めた「兵器と戦術」の役割と発展を、豊富な図解・注解と詳細なデータにより検証する名著を初文庫化。〈解説〉惠谷　治
205857-6

コ-7-1
若い読者のための世界史（上）原始から現代まで
E・H・ゴンブリッチ
中山典夫 訳
歴史は「昔、むかし」あった物語である。さあ、いまからその昔話をはじめよう——若き美術史家ゴンブリッチが、やさしく語りかける、物語としての世界史。
205635-0

コ-7-2
若い読者のための世界史（下）原始から現代まで
E・H・ゴンブリッチ
中山典夫 訳
私たちが知るのはただ、歴史の川の流れが未知の海へ向かって流れていることである——美術史家が若い世代に手渡す、いきいきと躍動する物語としての世界史。
205636-7

タ-7-1
愚行の世界史（上）トロイアからベトナムまで
B・W・タックマン
大社淑子 訳
国王や政治家たちは、なぜ国民の利益と反する政策を推し進めてしまうのか。世界史上に名高い四つの事件を詳述し、失政の原因とメカニズムを探る。
205245-1